→ Holger Gumprecht

Israel

*Literarische Spaziergänge durch
das Heilige Land*

Klett-Cotta

Für Monika und Manfred Gumprecht

»*Lechzend klebe mir die Zunge*
An dem Gaumen, und es welke
Meine rechte Hand, vergäß ich
Jemals dein, Jerusalem –«

HEINRICH HEINE

Inhalt

Vorwort 11

Reisen ins Heilige Land 15

»Das Herz der Welt« 27
YERUSHALAYIM, AL-QUDS, JERUSALEM –
»DIE DREIMAL HEILIGE STADT«

»Die Weihnachtsstadt« 83
BETHLEHEM

»Masada wird nie wieder fallen!« 99
DAS TOTE MEER, MASADA

»Hügel des Frühlings« 109
TEL AVIV, JAFFA

»Das Tor zur Welt« 123
HAIFA, BERG KARMEL

»Das Auge Gottes« 139
DER SEE GENEZARETH, TIBERIAS, KAPERNAUM

»Wiege des Christentums« 151
NAZARETH, BERG TABOR

Quellennachweis 163
Weiterführende Literatur (Auswahl) 167
Informationen über Israel im Internet 177
Personenverzeichnis 179
Bildnachweis 182

→ Vorwort

In Jerusalem wird gebetet, in Haifa gearbeitet und in Tel Aviv gelebt, heißt es in einem bekannten Bonmot. Tatsächlich bietet der junge Staat Israel, der nicht viel größer ist als Hessen, auch für jeden Besucher etwas anderes: dem religiösen Pilger die heiligen Stätten in und um Jerusalem sowie am See Genezareth, dem Bildungshungrigen einen wahren Schatz an Museen und einzigartigen archäologischen Funden für eine klassische Studienrundreise, dem Sonnenanbeter und Erholungsbedürftigen atemberaubend schöne Strände und ein exotisches, nahezu paradiesisches Ambiente in der Touristenhochburg Eilat am Roten Meer. Und der Vergnügungssüchtige schließlich dürfte im mondän-hedonistischen, sich unübersehbar westlich orientierenden Tel Aviv auf seine Kosten kommen, der buntesten, lautesten Metropole im ganzen Nahen Osten, einer Stadt, in der das Leben rund um die Uhr tobt und deren berühmte Shenkin Street zur Metapher für ein säkulares Lebensgefühl geworden ist.

In diesem – in vieler Hinsicht – kontrastreichen und an Widersprüchen und Gegensätzen nicht armen Land findet sich der Besucher allenthalben zwischen Orient und Okzident wieder, hier stößt er auf eine faszinierende Synthese aus Tradition und Moderne. In diesem kleinen Landstrich im Schnittpunkt dreier Kontinente sind auch die drei großen monotheistischen Weltreligionen zu Hause – mit all den damit verbundenen Problemen: König Salomon ließ in Jerusalem seinen legendären Tempel errichten, für die Christen kam in Bethlehem der Messias zur

Welt, und vom Tempelberg, so glauben die Muslime, fuhr der Prophet Mohammed gen Himmel.

Auf die Jahrtausendwende (und natürlich auch auf die Zeit danach) setzt Israel große Hoffnungen. Vor 2000 Jahren begann im Heiligen Land die christliche Zeitrechnung, ein für viele geradezu magisches Datum, das es zu feiern gilt, am besten eben am Ursprungsort selbst.

So floß in Jerusalem viel Geld in den Ausbau des Königstales zwischen Ölberg und Zionsberg, wo nun neue Straßen das Erkunden erheblich erleichtern, wo viele Sehenswürdigkeiten renoviert und, für Ortsunkundige nicht ganz unwichtig, endlich auch ausreichend Informationsschilder auf dem Gebiet rund um den Garten Gethsemane angebracht wurden. Viel Geld floß in die Altstadt, wo etwa die Kreuzgangstationen Jesu Christi entlang der Via Dolorosa für nächtliche Touren illuminiert wurden. Auch die Infrastruktur in Galiläa, rund um den See Genezareth und in dem Gebiet um Nazareth, hat man für die erhofften Touristenströme ausgebaut und in den größeren Städten die Hotelkapazitäten gar verdoppelt.

Neben Spaziergängen und Ausflügen vor Ort bieten aber auch literarische Zeugnisse einen spannenden Zugang zu Geschichte und Gegenwart des Landes. Die Reiseimpressionen von berühmten wie von weniger bekannten, noch zu entdeckenden Schriftstellern, die Sie in diesem Buch vorfinden, vermögen zuweilen weit mehr über *Eretz Israel* und seine Bewohner zu sagen als so mancher Reiseführer. Denn im übrigen erweist sich das Heilige Land gleichfalls als wahre literarische Fundgrube: Ob man sich nun mit Mark Twain und seinen *Arglosen im Ausland* amüsiert, mit dem verzweifelten Gustave Flaubert mitleidet, sich an die Fersen des »rasenden Reporters« Albert Londres heftet oder in die Welt der Romane eines Jaakow Shabtai oder Samuel Josef Agnon eintaucht, stets eröffnet sich dem Leser ein ungewöhnlicher Blick ins Innere des Gelobten Landes. Die hier getroffene Auswahl der Autoren und ihrer Texte soll nicht zuletzt neugierig machen und den Israelreisenden genauso wie den »Armchair Traveller« zu Hause zur weiteren Lektüre anregen.

→ Reisen ins Heilige Land

»Jerusalem ist ein übler Ort,
der widerlichste und abscheulichste
auf der ganzen Welt.«
EDWARD LEAR

Das Heilige Land als Reiseziel hat eine lange Tradition. Schon in der Antike fühlte man sich von Palästina angezogen. Im Mittelalter setzte dann ein wahrer Ansturm auf das »Land der Bibel« ein. Religiöse Motive wie der Erwerb von Ablässen oder die Verleihung des Titels »Ritter vom Heiligen Grab« waren dabei ausschlaggebend, aber in zunehmendem Maße auch ein weltliches Interesse.

Eine Reise zu den heiligen Stätten bedeutete zu jenen Zeiten, als man den modernen Tourismus und seine Erleichterungen noch nicht kannte, ein teures, unglaublich strapaziöses und entbehrungsreiches, zuweilen auch für Leib und Gut gefährliches Unterfangen. Wer damals gen Jerusalem aufbrach, konnte nicht unbedingt sicher sein, seine Heimat gesund oder gar lebend wiederzusehen. Man war den Unbilden der Natur und des Wetters zum Teil hilflos ausgesetzt, Straßenräuber und Piraten machten die Reise zu einem Abenteuer mit ungewissem Ausgang.

Nicht zuletzt war das Reisen damals auch eine Frage der Zeit. Zuweilen saß man wochenlang in irgendeinem Hafen fest, nur um auf ein Schiff zu warten, das nach Jaffa auslaufen würde.

← Das Goldene Tor, durch das Jesus Jerusalem betrat, ließ Omar I. zumauern.

Und vor dem Bau der ersten Eisenbahnlinie, die die Mittelmeerküste und die sechzig Kilometer entfernte Heilige Stadt miteinander verband, mußten sich die Ankömmlinge mühsam auf Esels- oder Pferderücken oder gar zu Fuß fortbewegen und hatten mindestens eine Übernachtung in den unwirtlichen Bergen von Judäa einzukalkulieren.

Bernhard von Breydenbach, ein Mainzer Domherr, der 1483 zusammen mit seinen Gefährten zu einer fast einjährigen Wallfahrt nach Palästina aufbrach, mußte mehrere Freunde in heiligem Boden zurücklassen. Dieser Exkursion verdanken wir übrigens den heute vielleicht lesenswertesten, auf jeden Fall wunderbar illustrierten Bericht *Die Reise ins Heilige Land* aus dem Jahre 1486, wobei die nach wie vor strittige Frage, ob denn nun Bernhard von Breydenbach als alleinigem Autor der Ruhm zustehe, höchstens die Philologen interessieren dürfte.

Am 27. Tag des Monats Juni fuhren wir aus Cypern mit gutem Wind und kamen in drei Tagen an die Stelle im Meer, von dannen wir das Heilige Land sehen konnten. Weshalb wir gar sehr erfreut dasselbe grüßten, und wie es billig war mit Lobgesang ein fröhlich und andächtig Tedeum laudamus anstimmten. Also kamen wir vor die Stadt Jaffa oder Joppen genannt, wo unsere Galeeren Anker warfen. Von dort sandte unser Patron etliche seiner Knechte gen Rama und Jerusalem um freies Geleit für die Pilger bittend. Sechs ganze Tage warteten wir auf dem Meer. In diesen Tagen fuhren etliche der Schiffsknechte, Galeoten genannt, auf dem Wasser umher, um Fische zu fangen: sie wurden von den Heiden gefangen, geschlagen und ernstlich verwundet. Zu dieser Zeit fuhren wir auch mit unserem Patron an Land, um Wein, Brot, Früchte, besonders frühe Trauben und andere Speise zu kaufen. Am fünften Tag des

Monats Juli kamen die Mamelucken, des Sultans Hofleute, mitsamt dem Trutzelmann, unserem Geleitsmann, von Jerusalem und Rama und brachten den Gardian, einige Ordensbrüder und einen geschriebenen Geleitsbrief mit. Darauf mußten die Brüder aus Peter Landauers Galeere in eine alte Höhle und zerbrochenes Gewölbe fahren, darinnen sie drei Tage und Nächte verschlossen wurden. Aber durch die Vorsichtigkeit unseres Patrons mußten wir nur eine Nacht in der gleichen Höhle bleiben. Die Heiden schreiben fortan alle Christenpilger mit ihren Namen auf und halten sie so lange verschlossen, wie es ihnen beliebt. Aber vor die Höhle kommen die Christen aus der Umgebung von Jerusalem und Rama und bieten Wein, Brot, Garfleisch, Hühner, Eier und Früchte zum Kauf an. Dann brachte man uns Pilger auf Eseln reitend nach Jaffa und von dort nach Rama. Aber als wir kurz vor Rama auf ein langes Feld kamen, mußten wir absteigen von den Eseln und zu Fuß gehen und ein jeder sein Gepäck selbst tragen, was sehr schwer war, da es sehr heiß war und viel Staub auf dem Weg war. Von Jaffa ritten der Herr von Rama und der Trutzelmann mit zweihundert Pferden zum Geleit mit uns, um uns vor den Heiden, ihren Weibern und Rindern zu schützen, die sich in den Dörfern und auf den Feldern versammelten und mit Steinen in die Pilger warfen, so daß zu Zeiten etliche zu Tode getroffen wurden.

Ein Palästina-»Tourismus« der besonderen Art hatte bereits Ende des 11. Jahrhunderts seinen Anfang genommen. Am 27. November 1095 rief Papst Urban II. auf dem Konzil von Clermont die Christenheit zur Befreiung des Heiligen Landes aus den Händen der Mohammedaner auf: »Nehmt das Land dem gottlosen Volk.« Als Belohnung winkten Sündenerlaß und ein ewiger Platz im

Himmel. Zehntausende aus ganz Europa folgten dem Ruf nur zu gern, freilich weniger, um sich auf diese Weise ihrer Sünden zu entledigen, als vielmehr aus purer Abenteuerlust und Gier. Ein Augenzeuge, der Chronist Wilhelm von Tyros, beschreibt, wie wir uns die »Befreiung« Jerusalems vorzustellen haben: »Sie erschlugen mit ihren Schwertern alle, die sie sahen, ohne Ausnahme und ohne Gnade, und überfluteten den Platz mit dem Blut der Ungläubigen. Sie erfüllten so den Willen Gottes, damit diejenigen, die durch ihre abergläubischen Handlungen das Heiligtum des Herrn geschändet hatten, es nun mit ihrem eigenen Blut reinigten.« Abgeschlagene Köpfe, Hände und Füße sollen sich in den Straßen aufgetürmt, und in der Moschee Omars, in der sich die Muslime zuletzt geflüchtet hatten, sollen die Pferde knietief im Blut der Abgeschlachteten gestanden haben.

Emil Habibi, einer der prominentesten palästinensischen Schriftsteller, die in Israel leben, schreibt in seinem Buch *Der Peptimist oder Von den seltsamen Vorfällen um das Verschwinden Saids des Glücklichen*: »Es gab Heerführer über Tausend oder mehrere Tausend; es gab auch Gefallene zu Tausenden. Es gibt auf Erden nichts Heiligeres als das Blut des Menschen, mein Sohn. Deshalb wird ja unser Land auch das Heilige genannt.« Nach tagelangem Morden und Brandschatzen dankte Gottfried von Bouillon, der Anführer des ersten Kreuzzuges, am Grabe Christi für den göttlichen Beistand. Mehr als 70000 Araber und Juden fielen diesem Massaker zum Opfer, dem ersten, dem noch viele weitere folgten, als in den Jahrhunderten danach erneut Hunderttausende abendländischer Kreuzritter mit päpstlichem Segen und scharfem Schwert in den Orient einfielen.

Anfang des 19. Jahrhunderts begann dann die große Zeit des literarischen »Jerusalem-Tourismus«, die sich in einer riesigen Anzahl unterschiedlichster Reiseberichte niedergeschlagen hat.

Wer heute tief beeindruckt aus Israel zurückkehrt, wird womöglich kaum verstehen können, daß damals viele, vielleicht sogar die meisten Schriftsteller, die von einer Reise nach Jerusalem eigentlich eine Quelle der Inspiration erhofften, nur mit Enttäuschung auf ihre Erlebnisse im Heiligen Land zurückblickten.

Der französische Romantiker François René de Chateaubriand war der erste Literat von Rang, der 1806 ins Heilige Land pilgerte und darüber in einem sehr erfolgreichen Reisetagebuch berichtete. Er gehörte zu den letzten, die die Grabeskirche in Jerusalem noch vor dem großen Brand 1808 beschreiben konnten. Von der Stadt der Städte selber hatte Chateaubriand keine allzu gute Meinung, er nannte sie einen »riesigen Friedhof in einer trostlosen Wüste«.

Auch der amerikanische Schriftsteller Herman Melville machte in seinem *Tagebuch einer Reise nach Europa und in die Levante* *(1856-57)* aus seiner Erbitterung kein Hehl, obwohl er sich für alle Eventualitäten gewappnet fühlte:

... Um ein guter Reisender zu sein und das Reisen als echtes Glück zu erleben, bedarf es mehrerer Voraussetzungen. Man muß jung sein, sorgenfrei und begabt mit einem heiteren Gemüt und viel Phantasie, denn ohne diese kann man genausogut zu Hause bleiben. [...]
Man darf allerdings nicht nur ungetrübte Reisefreuden erwarten. Freud, Leid und Nutzen: all dies wird der Reisende ernten... Die kleinen Mißhelligkeiten, die Plagen Ägyptens und Italiens (in Gestalt von Flöhen und anderem Getier) wollen wir hier leichthin übergehen, obwohl sie über den Reisenden keineswegs leicht hinweggehen. Ein großes Übel vom ersten bis zum letzten Tag ist der Reisepaß. Nur allzu bald lernt man durch die Forderungen der Behörden, was dann zu

einer sprichwörtlichen Redensart wird: Pässe öffnen, Geldbörse öffnen... Die Nachstellungen und Erpressungen der Fremdenführer, nicht nur der ruppigen, räuberischen Spezies, sondern auch jener, die die formvollendetste Höflichkeit mit der kunstvollen Schurkerei zu verbinden wissen – diese stellen eine weitere Einbuße an Reisefreude für einen dar, obwohl wir, wenn wir an die tausendmal schlimmeren Erpressungen denken, denen die Einwanderer hier bei uns ausgesetzt werden, zugeben werden, daß es auch außerhalb von Europa Spitzbuben gibt.

In seinen überaus lapidaren, fragmentarisch wirkenden Reisenotizen läßt Melville den Leser an seinem Leiden beim Anblick des Heiligen Landes teilnehmen: »Kein Land wird romantische Erwartungen rascher zerstreuen als Palästina – ganz besonders Jerusalem.«

In den Heiligen Schriften lesen wir ziemlich viel von Steinen. Monumente & Sockel von Denkmälern werden aus Steinen errichtet; Menschen werden zu Tode gesteinigt; der Same im Gleichnis fällt auf steinigen Boden. Und wirklich kann es nicht Wunder nehmen, daß die Steine in der Bibel so eine große Bedeutung haben. Judäa ist eine Ansammlung von Steinen – steinige Berge & steinige Ebenen; steinige Flußbette & steinige Straßen; steinige Mauern & steinige Felder; steinige Häuser & steinige Gräber; versteinerte Blicke und versteinerte Herzen. Vor dir & hinter dir Steine. Steine zur Rechten & zur Linken. Mancherorts hat man größte Anstrengungen unternommen, um den Boden von diesem Gestein frei zu bekommen. Hier & dort sieht man Steinhaufen liegen; Steinwälle von ungeheurer Breite wirft man auf, weniger als Grenzmarkierungen, denn vielmehr, um sie aus dem Weg zu räumen. Aber vergeblich: die Entfernung eines Steins bewirkt nur, daß man drei noch größere Steine darunter entdeckt. Es ist wie beim Reparieren einer alten Scheune: je mehr man freilegt, desto größer wird der Schaden. – Die Schuhspitzen der Menschen hier sind durch die Steine völlig zerstoßen. Diese sind selten rund oder flach, sondern scharf, hart & spitz. Nur auf den Straßen, wie auf der nach Jaffa, haben sie sich durch den ständigen Reiseverkehr abgeschliffen. – Zur Erklärung dieses Überflusses von Gestein hat man viele Theorien entwickelt. *Meine* Theorie ist, daß es sich vor langer Zeit irgendein schrulliger König in den Kopf setzte, ganz Judäa zu pflastern, und diesbezüglich Verträge abgeschlossen hatte. Aber als sein Vertragspartner mitten in der Arbeit mit seinem Geschäft bankrott ging, wurden die Steine einfach auf den Boden gekippt, & dort liegen sie nun bis auf den heutigen Tag.

William Makepeace Thackeray (1811-1863), Humorist und neben Charles Dickens bedeutendster englische Romancier des 19. Jahrhunderts, der hierzulande vor allem als Autor von *Jahrmarkt der Eitelkeiten* bekannt ist, machte aus seiner Enttäuschung kein Geheimnis: »Wie auch in anderen Städten, die ich besucht habe, ist das Ghetto von Jerusalem vor allem schmutzig. Die Menschen drängen sich um das Misttor der Stadt. Und am Freitag kann man hören, wie sie den verlorenen Glanz ihrer Stadt beweinen und beklagen. Ich glaube, ich habe nichts Schlimmeres auf der ganzen Welt gesehen als das Tal von Jehoshaphat.«

Theodor Herzl, Verfasser des Buches *Der Judenstaat. Versuch einer modernen Lösung der Judenfrage* und Wortführer des politischen Zionismus, besuchte Jerusalem 1898 voller Hoffnung, fühlte sich aber von der Stadt der Städte sofort abgestoßen. Sollten die Zionisten jemals die Herrschaft über Jerusalem erlangen, meinte er, stünde ein gründliches Reinemachen an erster Stelle:

Wenn ich künftig deiner gedenke, Jerusalem, wird es nicht mit Vergnügen sein.
Die dumpfen Niederschläge zweier Jahrtausende voll Unmenschlichkeit, Unduldsamkeit u. Unreinlichkeit sitzen in den übelriechenden Gassen. Der Eine Mensch, der liebenswürdige Schwärmer von Nazareth, der in all der Zeit hier war, hat nur dazu beigetragen, den Hass zu vermehren.
Bekommen wir jemals Jerusalem, u. kann ich zu der Zeit noch etwas bewirken, so würde ich es zunächst reinigen.
Alles, was nicht Heiligthum ist, liesse ich räumen, würde Arbeiterwohnungen ausserhalb der Stadt errichten, die Schmutznester leeren, niederreissen, die nicht heiligen Trümmer verbrennen u. die Bazare anderswohin verlegen. Dann unter möglichster Beibehaltung des alten Baustyls eine comfortable, ventilirte, canalisirte neue Stadt um die Heiligthümer herum errichten.

Wer sich zeitgenössische Photographien anschaut, weiß, wovon Herzl spricht. In einem Reiseführer aus dem Jahre 1901 fühlte man sich sogar veranlaßt, die Leser ausdrücklich vor einem Besuch Jerusalems zu warnen: »Es gibt kein Abwassersystem für die Straßen und nirgends sanitäre Anlagen. Läden nach europäischem Maßstab sind in der Altstadt unbekannt. Wer unbedingt die Altstadt besuchen will, hat vorsichtig zu sein. Überall liegt Abfall. Die Polizei kümmert sich um nichts und ist korrupt.«

Auch Albert Einstein, durchaus ein überzeugter Zionist, der 1923 zum erstenmal Jerusalem besuchte, war von der orthodoxen jüdischen Gemeinde irritiert und notierte für die Heilige

Stadt nur böse Worte in seinem Tagebuch: » ... Kläglicher Anblick von Menschen mit Vergangenheit ohne Gegenwart. Dann diagonal durch die sehr dreckige Stadt, die von verschiedensten Heiligen und Rassen wimmelt, geräuschvoll und orientalisch fremdartig.«

Aldous Huxley nannte Jerusalem einmal »Das Schlachthaus der Religionen«. 1953, als die Heilige Stadt noch geteilt war, besuchte er sie und schilderte in einem Essay die »hoffnungslose Situation« der arabischen Bevölkerung. Noch nie habe er in seinem Leben einen derart »tragischen Zustand der menschlichen Situation« erlebt: »Der Schmutz in den Ruinen und in der Finsternis der einstigen Grabstätten; diese Horden kränklicher Kinder; diese sterblichen Feinde jenseits der trennenden Mauern; diese von Priestern angeführten Pilgergruppen mit ihrem hohlen Geleiere, vor dem zu warnen der Begründer ihrer Religion alles Erdenkliche unternommen hatte.«

Der amerikanische Literatur-Nobelpreisträger von 1976, Saul Bellow, stellte in seinem schmalen, aber tiefgründigen Band *Nach Jerusalem und zurück. Ein persönlicher Bericht* das Jerusalem von gestern dem von heute gegenüber:

Reisende wie Pierre Loti waren von den Juden Jerusalems, die wie Fledermäuse in ihren überwölbten Gassen umherhuschten, entsetzt. Sie müssen verderbt und böse sein, um ein so schmerzliches Leben zu verdienen, meinte Loti. Hier war der Beweis, daß sie in der Tat ein großes Verbrechen gegen den Erlöser begangen hatten, der in ihrer Mitte erstanden war. Solche Juden, wie sie Loti beschreibt, sieht man nicht mehr. Kollek baut ein neues jüdisches Viertel in der Altstadt. Das wichtigste Überbleibsel des alten Viertels ist die ben-Zak-kai-Synagoge, die von den Jordaniern gesprengt wurde, als sie

1948 in die Altstadt einzogen. Kollek tut alles in seinen Kräften, um keine Rachelust zu schüren. Er ist versöhnlich und immer der Vernunft zugänglich. Die grausame Geschichte dieser Stadt kann ein Ende haben, scheint er zu sagen. Er ist in dieser Hinsicht weniger Psychologe als Rationalist: wie ist es möglich, daß die Menschen nicht ihre eigenen Interessen erkennen? Was ist das doch für eine jüdische Frage! Ein derartiger Appell an das vernünftige Urteil versucht, der arabischen Geschichte auf die Schliche zu kommen. Ich habe ein Schriftstück von Professor Jehoschafat Harkabi von der Hebrew University gelesen, in dem er vorschlägt, daß arabische und israelische Gelehrte bei der Untersuchung des Konflikts zusammenarbeiten sollten. »Das spricht vielleicht für einen außerordentlichen Glauben an die Kraft der Rationalität«, sagt er, »aber ich meine, daß es ein Schritt zum Frieden wäre.«

Freilich finden sich unter den zahllosen literarischen Zeugnissen auch positive Stimmen. Der konservative britische Politiker und Schriftsteller Benjamin Disraeli kam 1831 ins Land und fühlte sich sogleich beim ersten Anblick Jerusalems wie verjüngt: »Ich sah vor mir eine herrliche Stadt. Mit Ausnahme von Athen habe ich nie etwas Beeindruckenderes gesehen.«

Sieben Jahrzehnte später schrieb der scharfzüngigste Theaterkritiker der Weimarer Republik, Alfred Kerr, überwältigt bei der Ankunft in Jaffa in seinem Essay »Jeruschalajim«: »Am Donnerstag, dem 16. April 1903 früh um sieben ein Viertel Uhr Palästinas Küste gesehen ... Die Tränen steigen mir auf ... Gelobtes Land ... fruchtbar, hold. ... Ernstes Land und Schönheitsland. Frühland! Frühlingsland! Judenland!«

Wiederum sieben Jahrzehnte später veröffentlichte der Schriftsteller Ralph Giordano seinen Reisebericht *Israel, um*

Himmels willen, Israel, ein Buch geschrieben »in kritischer Liebe zu einem Land, das bedroht ist wie kein anderes«:

Was für ein Platz, was für eine Wohnung! Drüben Suleimans Mauer, prächtig restauriert, ehern, mit ihren Zinnen, Türmen, Toren, goldbeschienen von der späten Abendsonne, ein Anblick, an den ich mich nie gewöhnen werde: Jerusalem, ach Jerusalem, ich kann nicht aufhören, dich zu preisen. Aber die Nächte in Mischkenot Scha'ananim überlebe ich nur mit Ohrenpfropfen!

→ »Das Herz der Welt«
YERUSHALAYIM, AL-QUDS, JERUSALEM –
»DIE DREIMAL HEILIGE STADT«

»Die Araber sagen ›El Kuds‹ und führen die Hand an die Brauen; ›Hierosolyma‹ sagen die Griechen und hoffen Christum zu schauen; ›Jeruschalajim‹ rufen wir Dich, heimkehrende Söhne des Sem – Die jungen Völker aber, Ummauerte, grüßen Dich strahlend: Jerusalem!« Prägnanter und in schöneren Worten als Arnold Zweig hat wohl kaum jemand das Besondere Jerusalems auszudrücken gewußt.

Über den Ursprung des Namens der Stadt gehen die Meinungen weit auseinander. Die einen meinen hier den König Shalem wiedererkennen zu können, andere glauben, er setze sich aus den Worten »Yerah« (= Stadt) und »Shalom« (= Frieden) zusammen. Was freilich angesichts der martialischen Geschichte Jerusalems eher zynisch klingt, wurde doch keine andere Stadt der Welt so häufig umkämpft, belagert und erobert, geplündert und zerstört – und wieder aufgebaut.

Jerusalem ist eine der ältesten Städte der Welt, hat zugleich aber auch ein modernes Gesicht: das Straßenbild wird von bunten Werbeplakaten, weltweit bekannten Fast-food-Restaurants, unschönen Satellitenschüsseln und japanischen Autos geprägt. Lärmender Verkehr verstopft hier ebenso wie in europäischen Metropolen die Straßen, und die leidige Parkplatzsuche gehört auch in der Heiligen Stadt zum vertrauten Bild.

← Hinter den Mauern der Altstadt verbirgt sich ein Geflecht von engen Straßen und Gassen, in denen wortgewandte Händler ihre Waren anbieten.

Jerusalem ist – die Neustadt seit 1948, die annektierten Teile seit 1967 – Israels Hauptstadt. Nur de facto, versteht sich, denn die internationale Staatengemeinschaft hat den umstrittenen Knesset-Beschluß, daß ganz Jerusalem für immer die unteilbare Hauptstadt des jüdischen Staates sei, niemals anerkannt. So sind auch die meisten ausländischen Botschaften demonstrativ in Tel Aviv geblieben.

Die drei großen monotheistischen Weltreligionen üben hier das Hausrecht aus, was bekanntlich nicht ohne Probleme abläuft. Früher, bis ins späte Mittelalter hinein, galt die Heilige Stadt als der Nabel der Welt. Der berühmte Kartograph Heinrich Buentig aus Hannover hatte damals die Erde als dreiblättriges Kleeblatt dargestellt, dessen Blätter Europa, Asien und Afrika zeigen und in dessen Mittelpunkt Jerusalem liegt.

Kaum eine andere Stadt der Welt vermag ihren Besucher durch solch extreme Kontraste zu überraschen wie Jerusalem. Für den israelischen Schriftsteller Amos Oz, der zurückgezogen im Wüstenort Arad lebt, ist deshalb Jerusalem, wo heute mehr als 650 000 Menschen leben, auch die »größte Stadt der Welt«. Man brauche dort ja nur zwei, drei Straßen zu überqueren, und schon »befindet man sich auf einem anderen Kontinent, in einer anderen Generation, sogar in einer anderen Klimazone«.

Im Mittelalter benötigten Pilger mehr als eine Woche, um von Jaffa an der Mittelmeerküste bis zur Heiligen Stadt zu gelangen. Von den Strapazen ganz zu schweigen. Felix Fabri hatte 1483 zusammen mit einer Gruppe von Pilgern Palästina besucht. Die Eindrücke seiner *Reise in die Heyligen Landt gen Jerusalem und in die große Wüsteney zu dem Heiligen Berg Synay* wußte der Dominikanermönch aus Ulm »über die maß kurzweilig und fein zu lesen, sonderlich denen so der Heiligen schrifft ettwas erfahrn« wollen, niederzuschreiben.

Dieses historische Dokument, das man auch heute noch mit Gewinn und Vergnügen lesen kann, zeigt einen Autor auf der Schwelle vom Mittelalter zur Neuzeit, der mit einem erstaunlichen Erzähltalent aufzuwarten versteht:

Niemand soll glauben, daß der Besuch der heiligen Stätten keine große Mühe mache: das Gegenteil ist der Fall: Einmal der starken Sonnenhitze wegen, dann wegen des Hin- und Hergehens, des Niederkniens und Niederwerfens und am allermeisten wegen der geistigen Anstrengung, mit der jeder sich der tiefen Andacht und der frommen Betrachtung dessen, was ihm an den heiligen Orten gezeigt wird, hingibt. Das alles ist nur mit großer Anstrengung möglich und bedarf ständiger Versenkung und nicht nur des Herumspazierens.

Heute ist natürlich alles viel einfacher. Benutzt man die moderne vierspurige Autobahn Nr. 1 (»Avalon«), die die sechzig Kilometer zwischen Tel Aviv-Jaffa und Jerusalem zum Katzensprung werden läßt, ist man, je nach Verkehrslage, gerade einmal vierzig, fünfzig Minuten unterwegs.

Viele Israelreisende werden es wahrscheinlich vorziehen, die Zeit im Heiligen Land in einem Hotel in Tel Aviv zu verbringen, herrlicher Strände, kultureller Angebote einer modernen Großstadt und nicht zuletzt des dort weitaus interessanteren Nachtlebens wegen. Tel Aviv bietet sich tatsächlich als idealer Ausgangspunkt an. Denn Israel ist klein, von hier aus lassen sich sehr bequem Ausflüge ins ganze Land absolvieren.

Um nach Jerusalem zu kommen, können Sie natürlich auch unmittelbar nach dem Eintreffen auf dem Internationalen Flughafen »Ben Gurion« in Lod nach Jerusalem weiterreisen. Oder man begibt sich, wie empfohlen, zunächst nach Tel Aviv, was kaum zwanzig Minuten in Anspruch nimmt. Um nun von dort nach Jerusalem zu gelangen, können Sie, wenn Sie auf öffentliche Verkehrsmittel angewiesen sind, zwischen der Eisenbahn (verkehrt allerdings nur einmal am Tag) oder dem Bus wählen (fährt in 30-Minuten-Abständen vom neuen Busbahnhof). Auch die Fahrt mit einem der in Israel sehr beliebten Sherut (Sammeltaxi) ist durchaus üblich und kostet nur wenig mehr.

Für jeden Jerusalem-Besucher wird die erste Begegnung mit dieser ungewöhnlichen Stadt bestimmt unvergeßlich bleiben. So erging es auch Schalom Ben-Chorin. Als Fritz Rosenthal in München geboren, kam der bekannte Religionswissenschaftler und Schriftsteller 1935 nach Jerusalem. In seinen Erinnerungen *Ich lebe in Jerusalem* beschreibt er, wie er unmittelbar nach seiner Ankunft im Gelobten Land spürte: »Hier gehörst du her, hier warst du schon, hier bist du gemeint.« Doch tauchte auch die bayerische Metropole immer wieder in seinen Träumen auf, wie es in folgendem Gedicht »Traumgeographie« anklingt:

Daß die Fremde heimisch mir geworden,
Weist des Traumes lächelnd-leise Spur:
Zwischen neuen und verlornen Orten
Spann der Traum nun seine Silberschnur.

Immer ging ich in den letzten Jahren
Nur durch meiner Kindheit Straßennetz,
Fern den Tagessorgen und Gefahren
Heimgekehrt durch heimliches Gesetz.

Aber jetzt umfängt die Stadt der Träume
Meiner Träume, Nacht um Nacht
Ungeheure traumverbundne Räume,
Die ich schlafend mir in Eins gedacht.

Es geschieht nun, daß ich ungehindert
Von Jerusalem nach Schwabing geh...
Tausend Meilen sind zum Sprung vermindert:
Tel-Aviv liegt nah am Tegernsee.

Sprachen fließen seltsam bunt zusammen,
Fremde Völker, Länder trennt kein Meer.
Schnaderhüpfl und Makamen
Sag und sing ich durcheinander her.

Meiner Träume Internationale
Hat die Grenzen aus der Welt gefegt:
Überglobus wird mir meine schmale
Bettstatt, kaum hab ich mich hingelegt.

An einem kalten, regnerischen Herbstabend des Jahres 1935 betrat Ben-Chorin Jerusalem zum erstenmal. Die Stadt hatte sich da allerdings nicht von ihrer glanzvollsten Seite präsentiert: »Mit einem nassen Kuß zeigte mir Jerusalem die kalte Schulter.« Wie auch, er kam vom modernen Tel Aviv und wurde in Jerusalem, nicht wie erwartet, von »Heiligkeit und Geschichte« empfangen, sondern von »Elend und Hinfälligkeit der Menschen«. Dennoch: Ein erster Spaziergang bleibe unvergeßlich wie eine erste Liebe. Wie oft man diesen Weg auch wiederholen möge, »über dem ersten liegt der Goldstaub des unvergleichlichen Erlebnisses – auch wenn er mit Enttäuschungen verbunden ist«.

Apropos Enttäuschungen: Für nicht wenige Besucher der Heiligen Stadt wird der Kontrast zwischen Erwartung und Realität eine Ernüchterung bedeuten. Das Jerusalem-Bild vieler Menschen ist von den zahllosen, in ihrer Qualität höchst unterschiedlichen, fast immer idealisierten Darstellungen geprägt: von den berühmten Holzschnitten des französischen Künstlers Gustave Doré für die populären Ausgaben der Heiligen Schrift, der *Bibel in Bildern*, zum Beispiel, oder den gleichfalls weit verbreiteten pittoresken Zeichnungen des englischen Malers David Roberts.

Anschauliche Zeugnisse dieses Aufeinanderprallens von Träumen und Wirklichkeit, vom »himmlischen« und »irdischen« Jerusalem finden sich schon in den Schriften der Kreuzfahrer und in den literarischen Zeugnissen vieler berühmter Palästina-Reisender.

In diesem Zusammenhang hat sich Schalom Ben-Chorin sicher geirrt, wenn er schreibt: »Die Stadt Jerusalem verzauberte jeden Dichter, selbst wenn die Begegnung nur flüchtig ist.« Als Beweis führt er ein Gedicht aus Hilde Domins »Lieder zur Ermutigung« an:

Ich mache ein kleines Zeichen
in die Luft,
unsichtbar,
wo die neue Stadt beginnt,
Jerusalem, die goldene, aus Nichts.

Was Ben-Chorin nicht wußte: die Dichterin wurde zu diesen Versen nicht in der Heiligen Stadt, sondern in der Ewigen Stadt Rom inspiriert.

Die Zahl derjenigen, die ihre erste Begegnung mit der Heiligen Stadt in eher unschöner Erinnerung behalten sollten, ist bemerkenswert groß. Ben-Chorin erwähnt ein Treffen mit dem Dichter Louis Fürnberg, der als Emigrant aus der Tschechoslowakei nach Jerusalem gekommen war. Der habe ihm einmal sein Herz ausgeschüttet. Ben-Chorin versuchte zu trösten: »Fürnberg, Sie leben doch hier in Jerusalem – und das ist das Herz der Welt!« Worauf Fürnberg nur entgegnete: »Das ist der Arsch der Welt.« Kein Wunder, daß er nach Kriegsende keine Minute zögerte und zurück nach Deutschland, in die Deutsche Demokratische Republik ging.

Auch Gustave Flauberts Tagebuch einer Orientreise, das auf Deutsch zusammen mit den bemerkenswerten Photographien des ihn begleitenden Journalisten Maxime Du Camp unter dem Titel *Reise in den Orient. Ägypten. Nubien. Palästina. Syrien. Libanon* erschienen ist, enthält viele Passagen des Mißmuts über die vorgefundenen Zustände. Zuweilen ist hier auch dermaßen respektlos von den heiligen Stätten die Rede, daß der Text so manchem zeitgenössischen Leser die Zornesröte ins Gesicht getrieben haben mag:

11. August 1850. Jetzt sind wir schon den dritten Tag in Jerusalem, und noch hat mich keine der erwarteten Gefühlsbewegungen überkommen: weder religiöse Begeisterung noch Erregung der Phantasie, und auch kein *Haß auf die Priester*, was immerhin etwas heißen will. Ich fühle mich angesichts all dessen leerer als ein hohles Faß. Tatsache ist, daß heute morgen am Heiligen Grab ein Hund bewegter gewesen wäre als ich. Wer ist daran schuld, barmherziger Gott? Sie? Du? Oder ich? Sie, glaube ich, dann ich und vor allem Du! Ach, wie falsch das alles ist! Und wie sie lügen! Nichts als Tünche, Doublé, Lack, für die Ausbeutung, die Propaganda und die Werbung bestimmt. Jerusalem ist ein von Mauern eingefriedetes Beinhaus. Das erste, was uns seltsam aufgefallen ist, war die Schlachterei. Auf einer Art viereckigem Platz, bedeckt mit Bergen von Unrat, ein großes Loch: in dem Loch geronnenes Blut, Eingeweide, Kacke, schwärzlichbraune Därme, außenrum von der Sonne fast kalziniert. Das stank außerordentlich und war in seiner freimütigen Äußerung von Schmutz schön. Wie sagte doch ein Mann der sinnreichen Vergleiche und feinen Anspielungen? ›Das erste, was wir von der Heiligen Stadt zu sehen bekamen, war Blut.‹

Während Nikolai Gogol beim Anblick der Stadt sprachlos in tiefe Depressionen versank und Herman Melville lakonisch in sein Tagebuch notierte: »Wie es einem nahe geht, in Jerusalem betrogen zu werden«, reagierte Mark Twain, wie nicht anders zu erwarten, mit Sarkasmus:

Mir scheint, daß unter den vierzehntausend Seelen, die in Jerusalem wohnen, alle Rassen und Hautfarben und Zungen der Erde vertreten sein müssen. Lumpen, Elend, Armut und Schmutz, diese Zeichen und Symbole, welche die Gegenwart moslemischer Herrschaft sicherer anzeigen als die Halbmondflagge selbst, sind im Überfluß vorhanden. Aussätzige, Krüppel, Blinde und Schwachsinnige überfallen einen von allen Seiten, und sie kennen offenbar nur ein Wort aus nur einer Sprache – das ewige »Bakschisch«. Wenn man die Massen verstümmelter, mißgestalteter und von Krankheit heimgesuchter Menschheit sieht, die die heiligen Orte überschwemmen und die Tore verstopfen, könnte man annehmen, die alten Zeiten wären wiedergekehrt, und man erwartete, daß der Engel des Herrn jeden Augenblick herabfahren und das Wasser von Bethesda aufrühren werde. Jerusalem ist traurig und trostlos und ohne Leben. Ich möchte hier nicht wohnen.

Ida Pfeiffer dagegen empfand beim Eintreffen in Jerusalem den »schönsten Morgen« ihres Lebens. 1842 erreichte sie Palästina – eine Frau allein auf Reisen war damals etwas Außergewöhnliches. Die 44jährige Wienerin veröffentlichte die Eindrücke ihrer mehrmonatigen Exkursion in dem heute immer noch spannend zu lesenden Buch *Reise in das Heilige Land*. Dabei mag es ihr bei ihrer Palästina-Reise vielleicht ähnlich ergangen sein wie Schalom Ben-Chorin, der bei einem Besuch Venedigs erstaunt feststellte, daß die Metropole am Lido ebenso wie Jerusalem eine »gefährliche Stadt ist«, und zwar »gefährlich« im Sinne einer lebenslangen Verzauberung, der man sich nie wieder entziehen kann.

Als erstes Ziel dürfte bei den meisten Jerusalem-Touristen sicher ein Besuch der Altstadt auf dem Programm stehen. Doch ehe man einen Rundgang durch diesen Teil Jerusalems beginnt, sollte man sich zuvor einen Eindruck aus der Vogelperspektive verschaffen. Denn schon Goethe, ein bekanntermaßen sehr erfahrener Reisender, hatte seinen Lesern den guten Rat erteilt, in einer fremden Stadt immer zuerst den höchsten Turm zu besteigen.

Eine der schönsten Aussichten auf Jerusalem und die Altstadt hat man vom Turm des YMCA-Gebäudes an der King David Street. Das Haus, das im Auftrag der christlichen Jugendorganisation zwischen 1928 und 1933 entstand, vereint maurische, römische und islamische Architekturelemente. Entworfen wurde dieses wegen seiner Höhe unübersehbare Wahrzeichen Jerusalems von Q. L. Harmon, der zuvor schon in New York das Empire State Building gebaut hatte. Mit seinen Vortragssälen, Bibliotheken, Kino- und Konzerträumen steht das Haus keineswegs nur für den christlich motivierten Jerusalem-Besucher offen, sondern ist auch ein Mittelpunkt des gesellschaftlichen Lebens der Stadt.

Gleich gegenüber, der Kontrast könnte nicht größer sein, befindet sich das legendäre King David Hotel, mit dem fast jedes wichtige politische Ereignis in Israel auf irgendeine Weise verbunden ist. Im Januar 1931 öffnete das King David als erstes Fünf-Sterne-Hotel der Stadt seine Türen. Schon bald gaben sich hier die gekrönten und ungekrönten Staatsoberhäupter dieser Welt die Klinke in die Hand; einmal, so erzählt der aus Polen stammende Orchesterchef Itzak Mandelbaum, seien sogar zehn Könige gleichzeitig im Dining-room versammelt gewesen. So viel Ehre verpflichtet: Damit die Herrschaften nichts, aber auch gar nichts zu entbehren hatten, wurde aus Paris sogar extra der Camembert frisch eingeführt. 1936 machte die britische Mandatsverwaltung in Palästina das King David zu ihrem »Head Quarter« und setzte damit – vorerst – der glamourösen Ära des Nobelhotels ein Ende.

Zu einer Renaissance kam es, als Ende der fünfziger Jahre die Dan-Hotelkette das Haus übernahm. Seitdem wurde auch wieder häufig der rote Teppich für die internationale Politprominenz ausgerollt: Konrad Adenauer wohnte als erster deutscher Spitzenpolitiker nach der NS-Diktatur im King David, Henry Kissinger logierte hier während seiner legendären »Shuttle-Diplomacy«, und ein besonderes Großereignis fiel in das Jahr 1995, als das Hotel die meisten der zur Trauerfeier des ermordeten Premierministers Rabin angereisten Spitzenpolitiker beherbergte.

Auch wenn man, mit Blick auf seine Finanzen, eine Übernachtung hier nicht in Erwägung ziehen mag, eine Tasse Espresso auf der Terrasse des King David sollte man sich unbedingt gönnen (Tee besser nicht, der kommt tatsächlich aus dem Beutel!). Von diesem Platz hat man nämlich einen phantastischen Blick auf die Mauern der Altstadt und kann, solchermaßen angenehm entspannt, schon einmal in Gedanken den weiteren Verlauf des Spaziergangs planen.

Einen Rundgang durch die geschichtsmächtigen Straßen und Gassen der Altstadt beginnt man am besten am Jaffator, hier haben auch die meisten von Reisebüros organisierten Exkursionen ihren Anfang. Dieses Tor an der Ostseite mußte 1898 wegen des Besuches Kaiser Wilhelms II. erweitert und der Größe der kaiserlichen Kutsche angepaßt werden. Durch dieses Tor ritt der englische General Allenby 1917 in die Stadt ein. Gustave Flaubert beschreibt höchst Despektierliches in seinen Aufzeichnungen: »Wir ziehen durch das Jaffator ein, ich lasse beim Betreten der Schwelle einen Furz los, ganz unwillkürlich; im Grunde war ich sogar ärgerlich über diesen Voltairianismus meines Anus.«

Der Kulturhistoriker Ferdinand Gregorovius, berühmt geworden als Verfasser der *Geschichte der Stadt Rom im Mittelalter*, besuchte 1882 Palästina, um, getreu seiner Maxime, auf historischem Terrain die Handlungsorte seiner Darstellungen immer aus eigener Anschauung kennenzulernen. Wie schon Flaubert vor ihm, fühlte er sich während seines Aufenthalts in Jerusalem von einer »Atmosphäre des frommen Betruges« abgestoßen, vom »fanatischen Haß der Christensekten« und dem »götzendienerischen ekelerregenden Zauberkultus der Osterpilger«.

Der Historiker betrat Jerusalem zusammen mit seiner Begleitung ebenfalls durch das Jaffator: »Wir fahren stumm und schwermütig über die Bergfläche. Hohe Gebäude und Kuppeln tauchen vor uns auf, die russische Ansiedlung vor dem Jaffatore, dann einzelne Häusergruppen. Die Fahne des Deutschen Reiches weht hier und da von einem Dach [...] Ich bin vor die heilige Stadt gekommen, ehe ich das weiß. Nur die altersgrauen, hohen, bezinnten Mauern vor mir mit drei riesigen stumpfen Türmen, welche die Davidsburg sein müssen, überzeugen mich, daß ich das große Ziel, Jerusalem, erreicht habe [...] Ich bin später noch allein durch das Jaffator in die Stadt gedrungen, aber bald wieder umgekehrt, zurückgescheucht von dem schauerlichen Dunkel der Gassen voll wankender Gestalten.«

Der Wiener Theaterkritiker und Feuilletonist Felix Salten kam 1924 nach Palästina. *Neue Menschen auf alter Erde* heißt sein Reisebericht, ein wichtiges Dokument, das die Anfänge des wirtschaftlichen Aufbaus im jüdischen Palästina in Erinnerung ruft. Der Autor beschreibt seine Ausflüge in die Altstadt so:

Vom Jaffator gehe ich des Morgens durch die enge gerade Straße, durch den buntgeschmückten langen Mauerspalt, durch die vom Jahrmarktstreiben erbrausende Rinne, die in die Altstadt führt. Die Sonne blitzt oben auf den Dächern der Häuser, der blaue Himmel zeigt hohe schmale Streifen, wenn man die Augen zu ihm aufschlägt. Die Luft ist dünn und kräftig, noch nicht schlapp geworden und nicht verdorben von den Dünsten des Tages. Und alle Gerüche sind nun frisch erwacht, sind noch nicht ineinander gemengt, sondern atmen, beinahe jeder für sich, ihre Milde, ihre Süßigkeit und ihre Schärfe. Kaum hundert Schritte habe ich getan und sah schon, wie überall in den Basaren des Orients, das Maß aller menschlichen Leiden und aller Qualen der Kreatur. Doch die Geschäftigkeit des Lebens flutet und rauscht drüber weg und das Wellenspiel der Oberfläche kräuselt Frohsinn und Daseinslust. Die Rinne wendet sich, biegt um die Ecke, läuft dann wieder geradeaus weiter; sie senkt sich tief, Stufen kommen, unregelmäßig, und der ganze Menschenstrom stürzt wie ein Katarakt diese Senkung nieder. Man steht auf dem tiefsten Punkt des engen Pfades, der von da wieder aufwärts steigt, sieht den Katarakt von beiden Seiten niederrauschen, sich teilen und nach beiden Seiten wieder buntgekleidete Menschen empor-

klimmen, rufend, plaudernd, brüllend, singend, dazwischen Kamele und Esel, die treppauf, treppab steigen.
In den Weg, den ich gehe, münden da und dort noch engere, noch dunklere Pfade. Unverhüllt sind da die Häuser der bergenden Hülle von Krambuden entblößt. Ihre Armseligkeit ist nackt, grau und steinern. Nur vereinzelte Gestalten gehen oder schwanken da herbei, oder spielende Kinder schreien überlaut, oder ein Eselchen ruht, an die Mauer gelehnt, regungslos.
Ich gehe weiter, aufwärtssteigend, immer aufwärts. Hier ist das alte Jerusalem, errichtet auf dem Schutt und den Trümmern des uralten.
Dann durch einen Torbogen, dämmerig und hallend, vorbei an den arabischen Wächtern, und ich bin in der Fülle der Sonne, in der Weite des Blicks auf dem Tempelplatz.

Unser Rundgang führt bis hinüber auf die östliche Seite der Altstadt, zum Ölberg und zum Garten Gethsemane und läßt sich bequem zu Fuß bewältigen. Autos sind innerhalb der alten Stadtmauern ohnehin nicht erlaubt.

Die Altstadt, eine Fläche von gerade einem Quadratkilometer, in der heute etwa 25 000 Menschen leben, wird von einer zwölf Meter hohen, von den osmanischen Türken im 16. Jahrhundert errichteten Mauer umschlossen, die acht Tore durchbrechen. Dahinter verbirgt sich ein Geflecht von engen, meist hoffnungslos überfüllten Straßen und Gassen. Zwischen den vielen heiligen Stätten sind hier die wortgewandten und agilen Händler zu Hause, bei denen man schier alles kaufen kann: Gemüse, Obst und süßes Naschwerk; doch auch zahlreiche Souvenirverkäufer buhlen um die Aufmerksamkeit der Touristen. Da gibt es (fast) nichts, was es nicht gibt: Kreuze natürlich, in allen Größen, Aufmachungen und Preislagen, Gebetsschals, Amulette gegen den bösen Blick, Ikonen von meist zweifelhafter Qualität.

Es ist empfehlenswert, sich zunächst einen Eindruck von der Altstadt bei einem Spaziergang auf der Krone der Stadtmauer zu verschaffen. »Ramparts Walk« heißt er hier auf den Hinweisschildern, ist aber strenggenommen kein Rundgang. Denn die etwa vier Kilometer lange Mauer ist im Bereich des Tempelbergs aus Sicherheitsgründen gesperrt. Somit hat man, vom Jaffator aus gesehen, die Wahl zwischen einer luftigen Wanderung in Richtung Norden, am Neuen Tor und dem Damaskustor vorbei bis hin zum Herodestor mit einer schönen Aussicht auf die Jerusalemer Neustadt und den arabisch geprägten Ostteil der Stadt. Oder man geht südlich auf den Befestigungsmauern: das Zionstor passierend, bis hin zum Misttor, aus dem einst die Abfälle der Stadt ins Kidrontal gebracht wurden, und kann auf dieser Route einen ausgedehnten Blick auf den Zionsberg, die Davidsstadt und das ganze süd-östliche Kidrontal werfen.

Das bedeutendste christliche Heiligtum in Jerusalem und der Höhepunkt einer jeden Pilgerreise ist die Grabeskirche. Sie soll unser erstes Ziel sein. Hat man die Altstadt durch das Jaffator betreten, geht man auf der David Street in Richtung Osten weiter und biegt nach ungefähr 150 Metern links in die Christian Quarter Road ab. Wie dieser Straßenname schon verrät, befinden wir uns jetzt im christlichen Viertel der Altstadt, in dem mehr als zwanzig verschiedene christliche Glaubensgemeinschaften zu Hause sind, deren Kirchen, Klöster und andere religiöse Institutionen sich oftmals schon, wie zum Beispiel an der Greek Catholic Patriarchate Street (gleich hinter dem Jaffator) an der Straßenbezeichnung ablesen lassen.

Die Grabeskirche befindet sich an jener Stelle, wo man den Kalvarienberg und das Grab Christi vermutet, wo Jesus am Kreuz gestorben und wieder auferstanden ist. Kaiser Konstantin ließ hier 326 über dem Berg Golgatha eine Kirche errichten. Die heutige Form erhielt die Grabeskirche jedoch erst in der Mitte des 12. Jahrhunderts. Es handelt sich dabei um einen sehr unregelmäßigen Gebäudekomplex, der eher einem Labyrinth ähnelt als einem der sonst üblichen Gotteshäuser. In mehreren Stockwerken sind dabei verschiedene Kirchen aneinandergereiht: die eigentliche Heilige Grabkirche, die Kreuzauffindungskirche und fast drei Dutzend kleinerer Kapellen. Alles ist solcherart in- und übereinandergeschachtelt, daß sich eine sichere Orientierung ohne genauen Plan schnell als hoffnungslos herausstellen wird. Nicht wenige Besucher haben hinterher gar nicht zu sagen gewußt, welche Sehenswürdigkeit sie da soeben gesehen hatten.

François René Vicomte de Chateaubriand gehörte zu den letzten, die das heilige Grab vor dem großen Feuer von 1808 sehen konnten. Der französische Dichter kam am Anfang des 19. Jahrhunderts nach Jerusalem, um den Ehrentitel »Ritter vom Heiligen Grab« in der Lateinischen Kapelle entgegenzunehmen. Chateaubriand war kein besonders religiöser Mensch. Dennoch schildert er in seinem 1811 erschienenen *Reisetagebuch von Paris nach Jerusalem* die Grabeskirche fasziniert als »eine Festung der Frömmigkeit und der christlichen Nächstenliebe«. Von der Stadt Jerusalem selbst hielt er nicht allzuviel, doch von der Selbstlosigkeit der Franziskanermönche, die damals unter den Türken besonders zu leiden hatten, zeigte er sich tief beeindruckt. Sie würden sich, schreibt Chateaubriand, auch noch von ihrem letzten Hemd trennen, um Menschen in Not zu helfen: »Nachdem sie am Morgen von den Türken ausgeplündert worden sind, kommen sie abends wieder zurück. Nichts kann sie dazu bewegen, das Heilige Grab im Stich zu lassen.«

Weit weniger tolerant gab sich der offenbar ständig übelgelaunte Herman Melville, den der Besuch der Grabeskirche zu einem langen Lamento veranlaßte:

Das Heilige Grab – die Ruine der Kuppel – wirrer & halb eingestürzter Steinhaufen – Labyrinthe & Terrassen aus schimmeligen Grotten, Gräbern & Heiligtümern. Riecht wie ein Beinhaus, schummriges Licht. – Am Eingang, in einer Art Mauergrotte ein Diwan für die türkischen Polizisten; dort sitzen sie, rauchen & mit überkreuzten Beinen, & mustern spöttisch die Scharen von Pilgern, wie sie unablässig hereinströmen & sich vor dem Stein der Salbung Christi, der mit seinen schimmelig-roten Streifen an eine Metzgerplatte gemahnt, zu Boden werfen. – Daneben befindet sich eine versteckte, ausgetretene Marmortreppe, die angeblich nach Golgotha hinaufführt, wo einem der Führer im blakenden Schein alter Pfandleiherlampen aus schmuddeligem Gold das Loch zeigt, worin man das Kreuz versenkte, und dann durch ein enges Gitter (wie das über einem Kohlenkeller) auf den Riß im Felsen zeigt! Nahe bei, auf gleicher Höhe, befindet sich eine Art Empore mit einem Marmorgeländer & mit Blick auf die Eingangshalle der Kirche; und hier lehnte ich beinah jeden Tag & blickte auf das Schauspiel der spöttischen Türken auf dem Diwan & der verspotteten Pilger herab, wie sie den Salbungsstein küßten. Das Portal der Kirche gleicht dem eines Gefängnisses – in der Mitte ein vergittertes Fenster. – Der Hauptteil der Kirche wird überwölbt von der hohen & baufälligen Kuppel, deren herabgefallener Putz das hagere Skelett der Balken und Sparren offenbart – eine eigenartige, wie von der Pest befallene Pracht geht aus von den bemalten & vermoderten Wänden ringsum. In der Mitte von allem befindet sich das Grab; eine Kirche in der Kirche. [...] Zuerst durchquert man ein winziges Vestibül, wo der Stein ausgestellt ist, auf dem der Engel saß, dann betritt man das Grab. Als beträte man das Innere einer erleuchteten Laterne. Eingekeilt & halb betäubt starrt man einen Augenblick auf die nichtssagende, stumme Fläche der aufgedonnerten Steinplatte, und froh, wieder herauszukommen, wischt man sich die Stirne; froh, entkommen zu sein, wie aus der Hitze & dem Gedränge einer Jahrmarktsbude. Alles glänzt & nichts ist aus Gold. Ein ekelerregender Betrug. Die stummen Mienen der ärmsten & unwissendsten Pilger schienen dies ebenso auszudrücken, wie es wohl auch meine eigene tat. Nachdem sie nur kurze Zeit in der Kirche verweilt & ihren Eilmarsch durch die Kapellen & Heiligtümer hinter sich haben, bleiben sie entweder in müder Enttäuschung stehen oder kauern sich in Gruppen vor den zahlreichen Treppen nieder und tauschen gleichmütig das Tagesgeschwätz der verschiedenen Sekten untereinander aus. Die Grabeskirche ist die überfüllte Nachrichtenzentrale & der theologische Börsensaal Jerusalems, und das umso mehr wegen all der vielen Kapellchen, die den kleineren Sekten der Kopten, der Syrer & anderen gehören und unter der großen Kuppel hier & dort ins Auge fallen, ganz so wie jene Kabinen der Aktienhändler, denen man in den Handelsbörsen Europas begegnet. – Die Krypta der Kreuzauffindung – Weinkeller & c.

Nikolai Gogol war schon tief verzweifelt im Heiligen Land angekommen. Er hoffte, hier seine Schreibhemmung zu verlieren und den zweiten Teil der *Toten Seelen* endlich beenden zu können. Geradezu versessen suchte er nach irgendeinem religiösen Erlebnis, von dem er sich Heilung versprach. In der Grabeskirche störte ihn aber der Lärm, der bunte Dekor stieß ihn ab, die Liturgie sei dort viel zu schnell und so herzlos abgespult worden, daß »auch noch so geflügelte Gebete ihr nicht hätten nachfliegen können«. Er grübelte darüber nach, ob dieser Ort seiner Bedeutung nicht besser gerecht geworden wäre, wenn man anstelle eines pompösen Gebäudes das Grab Jesu als nackten Felsen gelassen hätte. Gogol verließ die Kirche – und Jerusalem – in der gleichen depressiven Stimmung, wie er sie betreten hatte.

Ganz anders Ida Pfeiffer. Zwar übersah auch sie nicht die Schattenseiten, doch gelangte die Wienerin zu einem weit ausgewogeneren Urteil:

Den folgenden Tag ging ich in die Kirche des Heiligen Grabes. Mehrere enge, schmutzige Gassen führen dahin; in denen, die der Kirche nahe liegen, sind lauter Buden wie zu Mariazell in der Steiermark und an vielen anderen Wallfahrtsorten, in welchen eine Auswahl von Rosenkränzen, geschnitzten Perlmuttermuscheln, Kruzifixen usw. zu finden ist. Der Platz vor der Kirche ist ziemlich nett. Ihm gegenüber liegt das schönste Haus Jerusalems; seine Terrassen waren mit Blumen geziert. Wenn man zu dieser Kirche geht, tut man wohl, sich mit einer guten Portion Para (sieben Stück machen einen guten Kreuzer) zu versehen, denn man wird von einer Menge Bettler umschwärmt. Die Kirche ist verschlossen; die Türken haben die Schlüssel in Verwahrung und öffnen sie nur dann, wenn es begehrt wird. Man gibt ihnen für diese Mühe den kleinen Betrag von drei oder vier Piastern, sie sind damit zufrieden und bleiben während der ganzen Zeit, die man in der Kirche zubringt, gleich am Eingang im Innern der Kirche zurück, wo sie sich auf Diwane lagern, Tabak rauchen und Kaffee trinken.

[...] So kniete ich nun an jenen Stellen, welche der Gegenstand aller meiner Wünsche schon in der Kindheit waren, an die ich stets meine Gedanken gerichtet hatte. Die Gefühle, welche man an solchen Stellen hat, sind wohl zu heilig und mannigfaltig, um auch nur den leisesten Versuch zu machen, sie mit Worten beschreiben zu wollen.

Rückwärts, an der äußeren Seite der Kapelle, haben die Kopten einen kleinen, sehr ärmlichen Altar von Holz, mit Bretterwänden umfangen. Rings um die kleine Grabeskapelle laufen von außen in einiger Entfernung viele Nischen, die den verschiedenen Glaubenssekten angehören.

Ich sah ferner in dieser Kirche die unterirdische Nische, in welcher Jesus als Gefangener saß, dann die Nische, in welcher die Soldaten um die Kleider unseres Heilandes würfelten, und die Kapelle, welche das Grab des heiligen Nikodemus enthält. Unweit dieser Kapelle ist die kleine Kirche der Lateiner. Zur Kapelle der heiligen Helena führt eine Treppe von siebenundzwanzig Stufen abwärts. Hier saß die heilige Frau beständig und betete und ließ nach dem Heiligen Kreuze suchen. Noch einige Stufen tiefer gelangt man an die Stelle, wo das Kreuz gefunden wurde. Eine Marmorplatte zeigt den Platz genau an. Ist man wieder von da hinaufgestiegen, so kommt man gleich zu einer Nische, in welcher die Säule steht, an welcher Jesus angebunden und gekrönt wurde. Man nennt sie die Schimpf- oder Spottsäule. Die Säule, an welcher Jesus gegeißelt wurde und von der sich ein Stück in Rom in der Kirche Santa Prassede befindet, ist auch nur einige Schritte davon entfernt und mit einem Gitter umgeben. Man geht nun wieder über eine Treppe achtzehn Stufen hoch, welche zur Schädelstätte oder dem Fels führt, wo Jesus gekreuzigt wurde. Dieser Fels ist aber nicht sichtbar, sondern von allen Seiten ummauert und oben mit

Marmorplatten bedeckt. An der rechten Seite auf dem Fußboden ist die Stelle, wo Christus an das Kreuz genagelt wurde, durch ein Kreuz von Marmor bezeichnet. Gleich daneben befindet sich die Schmerzenskapelle an dem Ort, wo die heilige Maria stand und Zeugin war, wie man ihren geliebten Sohn an das Kreuz schlug.
Welche Leiden können wohl mit diesen verglichen werden! Wer von Kummer und Sorgen gedrückt wird, möge sich ihrer erinnern und Trost und Beruhigung darin finden.

Auch heute setzt die Grabeskirche von ihren Besuchern einen ziemlich festen Glauben voraus. Und ausreichend Zeit. Denn Tag für Tag stehen die Menschen aus aller Herren Länder – man hört es am babylonischen Sprachenwirrwarr – an den Türen Schlange; für das Heilige Grab allein sollte man mindestens dreißig Minuten Wartezeit einplanen. Ein solcher Andrang, der hier auch noch auf eine ohnehin schon bedrückende Enge der Räumlichkeiten stößt, kann bei hochsommerlichen Temperaturen leicht zur Tortur werden. Es ist daher ratsam, den Besuch nach Möglichkeit in die Morgenstunden zu verlegen.

Die Grabeskirche, das Herzstück des Christentums, ist im übrigen nach wie vor ein Zankapfel der verschiedenen Konfessionen. Früher ging es nicht ohne Blutvergießen ab, heute gibt es ganz genaue Vorschriften für Gebete und Zeremonien, die das Nebeneinander der um die Gunst der Besucher buhlenden Griechen, Kopten, Äthiopier, Armenier, Syrer und Lateiner – der Bedeutung des Ortes entsprechend – halbwegs friedlich gestalten. Ida Pfeiffer spricht auch dieses Thema in ihren Reiseerinnerungen an:

Man erzählte mir, daß es in dieser Kirche selten ohne Zank und große Unordnung abgehe, wenn die Griechen ihre Ostern hier feiern. Und noch viel größer soll diese Unordnung sein, wenn unglücklicherweise die griechischen Ostern mit jenen der Lateiner zusammenfallen. Da gibt es nicht nur blutende Köpfe, sogar als Leichen werden einige fortgetragen. Da müssen dann gewöhnlich die Türken einschreiten, um unter den Christen Ordnung und Ruhe herzustellen. Was können dann jene Völker, die wir Ungläubige nennen, für einen Begriff von uns Christen haben, wenn sie sehen, mit welchem Haß und Neid eine christliche Sekte die andere verfolgt? Wann wird diese entehrende Parteisucht wohl beseitigt werden?

In Muriel Sparks 1965 erschienenem Roman *Das Mandelbaumtor* läßt sich nachlesen, wie man sich eine sonntägliche Messe in der Grabeskirche vorzustellen hat. Am Altar der Kreuzigung, schreibt die englische Schriftstellerin, haben sich ganze Pilgerscharen eingefunden:

Die Augen der Franziskaner hatten sich automatisch dem jungen Priester am Altar zugewandt, und ihre besondere Aufmerksamkeit galt dem assistierenden Meßdiener, einem einheimischen Araberjungen; denn es war ihre Pflicht – eine Pflicht, der sie mit äußerstem Eifer nachkamen –, ein Auge darauf zu haben, daß hier am Altar der Kreuzigung das Ritual strikt eingehalten wurde. Am anderen Altar in der Kapelle wurde unter den gleichermaßen eifersüchtigen Blicken seiner Kustoden der griechische Ritus zelebriert, und das psalmodierende Gemurmel der orthodoxen Responsorien summte den katholischen Gläubigen so aufdringlich um die Ohren, daß sie kaum das segenspendende Gemurmel der römischen Messe verstehen konnten; die Franziskaner waren daran gewöhnt und wußten, daß sich nichts dagegen tun ließ. Von Zeit zu Zeit geschah es freilich, daß die solcherart strapazierten Gefühle zum Überkochen kamen, und dann gab es einen handfesten Streit zwischen den untergeordneten Brüdern beider Glaubensgemeinschaften – ganz zu schweigen von den wenig heiligen Worten, die man erlebt hatte, wenn einmal die Kopten, die Syrer oder selbst die gregorianischen Armenier an der geweihten Stätte von des Erlösers Tod, Begräbnis und Auferstehung einen Schritt zu weit taten. Gelehrte Dogmenstreitigkeiten überließen diese schlichten Diener der Riten ihren Oberen, die Frage jedoch, wer wessen Pflasterstein fegen durfte, war ihre Domäne. Erst ein paar Jahre war es her, daß es zu Bethlehem beim Fest der Geburt zu einem Faustkampf gekommen war, weil sich ein junger orthodoxer Novize erdreistet hatte, ein gewisses Buntglasfenster zu reinigen, während diese Aufgabe gebührenderweise in den Amtsbereich eines neuangekommenen Franziskanerbruders fiel, der – obschon nur ein einfacher Bauernjunge – alsbald erkannte, daß auf seinen Schultern das gesamte Prestige der Alleinseligmachenden Kirche ruhte, und ohne weitere Umstände seine Fäuste gebrauchte.

»Wie schön ist der Einzug des Sabbats an der Klagemauer! Die Steine des Heiligtums, deren Heiligkeit uns aus dem Dunkel unserer Verbannung entgegenleuchtet, erhalten durch den Sabbat noch etwas Heiligeres; denn Israels heilige Kinder heiligen sich durch den Sabbat; wenn sie seiner eingedenk sind und ihn wahren, sollen sie erlöst werden.« Ein Besuch der Klagemauer zahlt sich freilich nicht nur am Sabbat aus, wie S. J. Agnon in seinem großen Roman *Gestern, vorgestern* schreibt.

Wir verlassen dazu die Grabeskirche und begeben uns zurück in Richtung Süden, bis wir auf der Bab as-Silsila Street stoßen. Diese Straße führt direkt zur Klagemauer, die auf Wegweisern in ihrer englischen Bezeichnung Western Wall (hebräisch: Ha Kotel) auftaucht.

Felix Salten hat ihrem Besuch in seinem Palästina-Buch ein ganzes Kapitel gewidmet. Das Bild, das sich ihm damals, 1924, bot, muß ein trauriges, deprimierendes gewesen sein. Salten wußte dies in einer bewegenden Momentaufnahme einzufangen, die gewissermaßen als ein historisches Dokument gelten kann. Denn dem heutigen Besucher bietet sich hier ein gänzlich anderes Bild:

Klagemauer. Oft bin ich hierher gegangen. Von der strahlenden Höhe des Tempelplatzes in diesen Winkel des Elends. Aus dem farbigen Flimmern des Lebens in den Basargassen zu dieser traurigen Einsamkeit. Von dem blühenden Land da draußen, von der Gegenwart, der Jugend, die gleich der Erde keimt und arbeitet, hierher, wo die Steine monoton vom Vergangenen reden und die Herzen der Menschen zu Stein werden.
Niemals und nirgendwo gab es ein Gleiches. Mit »niemals und nirgendwo« hebt jedes Kapitel der Historie an, die das Schicksal der Juden erzählt. Niemals und nirgendwo ein Volk, das so gründlicher, so oft wiederholter Vernichtung widerstand. Niemals und nirgendwo ein Volk, das in Jahrtausenden zerstampft, zertreten, gefoltert, ausgerottet wurde und immer noch da ist, immer noch mit so lebendiger Kraft zu dulden vermag, zu leiden, zu hoffen und ... zu revoltieren. Niemals und nirgendwo ein Volk, das seine Sprache, verloren und totgeglaubt, neu erweckt. Niemals und nirgendwo ein Volk, das

nach achtzehnhundert Jahren des Vertriebenseins in sein Land heimkehrt. Und niemals gab es, nirgendwo gibt es eine Stadt, deren Zerstörung nach achtzehnhundert Jahren immer noch so bitterlich beweint wird mit solchen Ausbrüchen verzweifelten Schmerzes, wie man einen blutsverwandten Toten beweint, den man soeben sterben sah und der nun ausgestreckt daliegt. Sie stehen hier in dieser Enge, die kahl ist und trostlos wie ihr eigenes Herz, die beschränkt ist und ohne Ausgang wie ihr starrer Messiasglaube. Es bleibt geradeso vergeblich, an ihrem Glauben zu rütteln, ihm einen Durchblick ins Gegenwärtige oder Künftige zu geben, wie es fruchtlos bleibt, an dieser Mauer zu rütteln oder durch sie hindurch ins Freie schauen zu wollen. Sie stehen da und weinen. Gewiß, es sind manche unter ihnen, die eine unwürdige Bettelkomödie aufführen. Doch es sind ihrer nur wenige. Ihre Armut ist fürchterlich und sie gleichen den Kirchenbettlern, die ihre Blöße an den Pforten der Kathedralen zur Schau stellen, um von der Andacht Tribut zu fordern. Sie aber sind rührender als jene Bettler vor den Kirchentüren, denn sie schmiegen ihr eigenes, ihr winziges, rasch vergängliches Unglück an das ungeheure Unglück ihres Volkes. Und wie oft ich sie auch sah, wie oft ich ihre kleine erbärmliche Komödie erkannte, die eben hier einen unbewußten Zug ins Große empfing, ich konnte nicht entrüstet sein und mein Herz konnte ihnen nicht zürnen.
Andere gibt es, die aufrichtigen Gemütes trauern. Aber sie weinen um sich selbst, sie beklagen ihr eigenes Los, sie schluchzen über ihr eigenes zerstörtes Leben. Wie sollte man nicht Teilnahme für sie empfinden, da sie das persönliche Verhängnis mit dem Verhängnis ihres Volkes vereinigen? Der Untergang Zions steht als Sinnbild des eigenen Untergehens von ihrer Seele. Immer und überall setzt ja der Mensch sein eige-

nes kleines Selbst in Beziehung zu den Geschehnissen und
Schauplätzen der Natur wie der Geschichte. Diese armen Leute
hier tun nur, was alle Sterblichen zu tun gewohnt sind. Vollständig aber ist der egoistisch-persönliche Tropfen wohl auch
bei den wenigen nicht auszuschalten, die hier wirklich nichts
anderes beweinen als den Fall des Tempels.
Herrgott, wie weinen sie!

So mag es in den zwanziger Jahren an der Klagemauer ausgesehen haben, heute geht es an diesem Ort anders zu. Neben den
schwarz gekleideten Orthodoxen sieht man Soldaten und Gläubige von überall her ihre Gebete sprechen. Sephardische Juden
üben dabei weit weniger Zurückhaltung. Die Orientalen erkennt
man an ihrer bunten Kleidung und den lauten, ausgelassenen
Tänzen und Gesängen. Und jeden Montag- und Donnerstagvormittag bieten die Bar-Mizwa-Feiern ein besonders unterhaltsames Bild. So kann uns Ralph Giordano in *Israel, um Himmels willen, Israel* einen freundlicheren Eindruck als Felix Salten bieten:

Eine Gruppe schwarzberockter Männer tanzt ekstatisch – flatternde Hände, schwingende Arme, Trommelwirbel, ein brausender, anschwellender Rhythmus. Hinter ihr setzt sich eine
Prozession in Gang, Orthodoxe, darunter sehr junge, in ihren
Reihen ein Akkordeonspieler, der gegen das monotone Trommeln kaum ankommt. Ein Teenager – weiße Kopfbedeckung,
weißes Hemd, schwarze Fliege – zieht, entrückt und isoliert,
kleine Kreise. Ein Vater stemmt sein Kind gegen den Himmel
hoch, als wollte er es fliegen lassen. Rechts erscheint eine
Gruppe mit tremolierendem Gesang und jenen schrillen
Rufen, wie man sie von Arabern kennt – orientalische Juden.
Ein Bürschchen, vier Jahre alt, trägt einen Kampfanzug und

hantiert mit einem Holzgewehr. Viele Soldaten vor und hinter der Barriere, die den heiligen Bereich nach außen abgrenzt – nur wer eine Kopfbedeckung hat, darf ihn betreten.
Ich setze die meine auf und nähere mich der Mauer – gewaltige Steine, an der Seitenfläche oft unbehauen, das Ganze porös, zernagt von Licht und Luft und von der Zeit, hoch aufragend, wie eine aufgeschnittene Geologie. Es ist genau erkennbar, wo eine neue Steinlage aufgesetzt wurde. Aber das geht nicht nur aufwärts, das steigt auch tief hinab in die Erde. Ich hatte da hineingeschaut, in die soeben aufgedeckten Eingeweide der Klagemauer, damals, im Dezember 1967, ein halbes Jahr nach der Einnahme Jerusalems, während meines ersten Aufenthalts in Israel. Nach 1900 Jahren fremder Verfügungsgewalt waren Archäologen noch in den Schwaden der Panzerabgase der Truppe auf dem Fuß gefolgt, hatten gegraben und bloßgelegt, und da hatte ich sie gesehen – die Tempelfundamente, die Wurzeln Israels, ungeheure Quader aus einem Felsstück, bei deren atemverschlagendem Anblick man sich fragt, wie ein nur auf Muskelkraft angewiesenes Zeitalter sie dorthin transportieren konnte!
Nun an der Mauer.
Ein Vater hebt sein Kind auf den Arm, drückt es sanft gegen den Stein, lange und mit geschlossenen Augen. Ein anderer Israeli, etwa dreißig Jahre alt, hat die Wange an die Wand gedrückt und eine Hand auf den Stein gelegt – so verharrt er bewegungslos. Es ist, als würde er von dem tosenden Lärm ringsum überhaupt nicht erreicht. Andere, lesend, murmelnd, haben Stühle mitgebracht, als wollten sie hier übernachten. Jemand stößt in ein Horn, den Schofar, singt, macht tanzende Bewegungen, legt den Kindern und Erwachsenen die rechte Hand aufs Haupt.

Die Ritzen der Mauer sind vollgepfropft, übersät mit kleinen Zetteln – Botschaften, Bittschriften, Hilfeschreie an Jahwe den Ewigen.
An der metallenen Scheidewand zwischen den Sektoren drängen sich Männer und Frauen, auf die Brüstung gelehnt, gestikulierend.
Ich verlasse den Platz, trete zurück. Tauben nisten in Lücken und kleinen Höhlen der Klagemauer, fliegen auf, kommen zurück, aufgeregt und doch vertrauensvoll – nie wurde ihnen hier auch nur eine Feder gekrümmt.

Den für seine unerhörte Pracht stets gerühmten Herodes-Tempel, dessen Verlust die Juden an den Resten der einstigen Westmauer nicht ohne Grund Tag für Tag beklagen, ja, wie nur soll man sich dieses grandiose Bauwerk vorstellen? Es existieren zwar Modelle, in denen die jahrzehntelange Arbeit vorn Historikern und Archäologen eingeflossen ist, die dennoch aber alle den Makel der Spekulation und bloßen Vermutung tragen.

Doch sind wir in der glücklichen Lage, in dem judäischen Priester Josef ben Mattatja, besser bekannt unter seinem späteren Namen Flavius Josephus, einen Augenzeugen von literarisch erstem Rang zu haben. In seiner auch heute noch im Buchhandel lieferbaren *Geschichte des Judäischen Krieges* beschreibt dieser jüdische Historiker nicht nur minuziös die wechselvolle Geschichte Judäas in der römischen Zeit – also von etwa 174 v. Chr. bis 73 n. Chr. –, sondern man findet in seiner Schrift auch eine anschauliche Schilderung des im Jahre 70 nach Christus von den Römern zerstörten Tempels:

Sämtliche Hallen ruhten auf fünfundzwanzig Ellen hohen doppelten Säulenreihen, die aus Marmor von reinstem Weiß bestanden und mit Zedernholz getäfelt waren. Die Kostbarkeit des Materials, seine schöne Bearbeitung und harmonische Zusammenfügung gewährten einen unvergeßlichen Anblick, und doch war es außen weder von Malern noch von Bildhauern geschmückt worden. Die Breite der Hallen betrug dreißig Ellen und der ganze Umfang, die Antonia eingerechnet, sechs Stadien. Der nicht überdachte Raum war mit Mosaik von allerhand Steinen belegt. Ging man über diesen Hof, so kam man an ein den zweiten Tempelhof umschließendes, drei Ellen hohes Steingitter von sehr gefälliger Arbeit. An ihm waren in gleichen Abständen Säulen angebracht, die das Reinheitsgesetz in griechischer und in römischer Sprache verkündeten, wonach kein Fremder das Heiligtum betreten dürfe; so nannte man diesen zweiten Raum des Tempels, zu dem man auf vierzehn Stufen vom ersten hinaufstieg. Die Fläche des Heiligtums bildete ein Viereck und war mit einer besonderen Mauer umgeben. [...]

Neun der Tore waren einschließlich ihrer Pfosten und Schwellen über und über mit Gold und Silber belegt; eines, das Außentor des eigentlichen Tempels, bestand sogar aus korinthischer Bronze und übertraf die versilberten und vergoldeten ganz bedeutend an Wert. Jedes Tor hatte zwei Flügel, je dreißig Ellen hoch und fünfzehn Ellen breit. Gleich hinter dem Eingang erweiterte sich der Raum nach beiden Seiten durch turmartige Nischen von dreißig Ellen Breite und über vierzig Ellen Höhe, gestützt von je zwei Säulen, die zwölf Ellen im Umfang maßen. Alle Tore hatten gleiche Größe; nur dasjenige, das oberhalb des korinthischen Tores aus dem Vorhof der Frauen von Osten her ins Heiligtum führte und dem Tor des Tempelgebäudes gegenüberlag, war bedeutend größer. Es hatte eine Höhe von fünfzig Ellen und Türen von vierzig Ellen Breite, auch viel reichlicheren Schmuck und ganz massiven Gold- und Silberbelag. Diese Metallbeschläge hatte Alexander, der Vater des Tiberius, an den neun Toren anbringen lassen. Fünfzehn Stufen von der Mauer, die den Vorhof der Frauen begrenzte, zu dem größeren Tor, fünf Stufen weniger als zu den anderen Toren.

Zum Tempelhaus selbst, das inmitten des geweihten Heiligtums stand, stieg man zwölf Stufen hinan. [...] Dieses Tempelgebäude zerfiel also in zwei Räume; offen aber war nur der vordere, der in der Höhe neunzig, in der Länge fünfzig und in der Breite etwa zwanzig Ellen maß. Das Tor, das in diese Räume führte, war, wie gesagt, durchweg vergoldet, wie auch die ganze umgebende Wand; über ihm befanden sich goldene Weinreben, von denen mannsgroße Trauben herabhingen. Seine Türflügel waren golden, fünfundfünfzig Ellen hoch und sechzehn Ellen breit. Vor diesen wallte ein gleich langer babylonischer Vorhang herab, bunt gestickt aus Hyazinth, Byssus, Scharlach und Purpur und wunderschön gewebt; die beziehungsreiche Mischung der Stoffe stellte ein Bild des Weltalls dar: Scharlach sollte das Feuer, Byssus die Erde, Hyazinth die Luft, Purpur das Meer andeuten, zwei der Stoffe durch ihre Farbe, Byssus und Purpur durch ihren Ursprung, indem jene die Erde, diesen das Meer erzeugt. Die Stickerei zeigte den Anblick des ganzen Himmels mit Ausnahme der Bilder des Tierkreises.

Durch diesen Eingang gelangte man in den unteren Teil des Tempelgebäudes. Er war sechzig Ellen hoch, ebenso lang und zwanzig Ellen breit. Seiner Länge nach zerfiel er in zwei Räume. Der vordere, der vierzig Ellen lang war, enthielt drei bewunderungswürdige, weltberühmte Kunstwerke: den Leuchter, den Tisch und das Rauchfaß. Die sieben Arme, die sich von dem Leuchter abzweigten, bedeuteten die sieben Planeten, die zwölf Brote auf dem Tisch den Tierkreis und das Jahr; das Rauchfaß, mit dreizehn verschiedenen Sorten Räucherwerk aus dem Meere, der unbewohnten Wüste und der bewohnten Erde gefüllt, zeigte an, daß alles vom Gott kommt und für den Gott da ist. Der innerste Raum des Tempels endlich hatte zwanzig Ellen und war von dem vorderen Raum wiederum durch einen Vorhang getrennt. In ihm befand sich einfach gar nichts; von niemandem durfte er betreten, verletzt oder gesehen werden; er hieß das Allerheiligste. Rechts und links stießen an die untere Tempelabteilung viele durchgehende dreistöckige Wohnungen, die beiderseits vom Tore aus zugänglich waren. Der obere Teil des Tempelhauses hatte keine derartigen Anbauten und war daher schmaler. Seine Höhe betrug gegen vierzig Ellen; auch war er einfacher gearbeitet als der untere. Rechnet man diese vierzig Ellen zu den sechzig des Erdgeschosses, so ergibt sich eine Gesamthöhe von hundert Ellen.

Der äußere Anblick des Tempels bot alles, was Auge und Herz entzücken konnte. Auf allen Seiten mit schweren goldenen Platten bekleidet, schimmerte er bei Sonnenaufgang im hellsten Glanz und blendete das Auge wie Sonnenstrahlen. Fremden, die nach Jerusalem pilgerten, erschien er von fern wie ein schneebedeckter Hügel; denn wo er nicht vergoldet war, leuchtete er in blendendem Weiß. Seine Spitze starrte von scharfen goldenen Spießen, damit er nicht von Vögeln, die sich auf ihn niederließen, verunreinigt würde.

Betrachtet man allerdings die Klagemauer aus der Jerusalemer Gesamtperspektive – jüdische Gläubige werden dies vermutlich anders sehen –, dann wird sie schnell zum Randdetail neben dem mächtigen Moscheenkomplex mit dem alles überragenden

Felsendom, der vor dreizehnhundert Jahren den Platz des zerstörten jüdischen Tempels einnahm und nicht nur das palästinensische Volk, sondern auch noch eine Milliarde Moslems in aller Welt hinter sich stehen hat. Wir wollen jetzt unseren Spaziergang zum Tempelberg fortsetzen, der sich östlich der Klagemauer erhebt.

Das bedeutendste islamische Heiligtum (nach Mekka und Medina) darf von Nicht-Muslimen nur durch bestimmte Zugänge betreten werden. Da wir uns ja noch an der Klagemauer befinden, liegt der nächste für uns gleich linkerhand an der Bab es-Silsila Street.

Der Tempelberg, dessen Fläche etwa ein Sechstel der Altstadt ausmacht, hat viele Jerusalem-Reisende zu geradezu hymnischen Beschreibungen inspiriert. Batya Gur, die berühmte Kriminalautorin, aber spürt den Schauder des heiligen Ortes:

Der Tempelberg war in meiner Vorstellung schon immer mit einer religiös-messianischen Ekstase verbunden, die in Strömen von Blut endet. Ich wollte ihn vergessen und tat, als gäbe es ihn nicht. Das war *meine* Variante des Versuchs, in Jerusalem zu leben, als sei dies eine Stadt wie jede andere. Schon immer hatte ich eine gewisse Angst vor Stätten, denen man das Attribut heilig verliehen hat. Dieses Attribut rührt manchmal, wie im Fall des Tempelberges, von der Pracht der Geographie her. Im Falle Delphis zum Beispiel kann ein Betrachter fühlen, warum die alten Griechen ihre Götter genau hier angesiedelt haben. Manchmal allerdings, wenn solche Orte dazu noch mit nationalistischen Empfindungen verbunden sind, kann ihr Glanz in Blut, Feuer und Rauchsäulen untergehen. Aber diese Ängste gestand ich mir fast nie ein.

Juden ist der Tempelberg von ihren Rabbinern verboten, denn sie könnten ja dort versehentlich jene heiligste Stelle betreten, die zu biblischen Zeiten nur dem Hohepriester vorbehalten war. Das war natürlich nicht der Grund für die selbstbewußte Jüdin Batya Gur, den Tempelberg jahrzehntelang zu meiden. In einem Essay versucht sie sich (und dem Leser) ihre Furcht vor diesem Teil ihrer Heimatstadt zu erklären und vermittelt dabei zugleich tiefe Einblicke in den Jerusalemer Alltag. Hier ein Auszug:

Lange stand ich dort in der kalten Luft – den Felsendom wollten wir nicht betreten. Wenn diese Szenerie wenigstens fremd gewesen wäre. Wenn sie irgendwo anders in der Welt gewesen wäre, nur nicht hier. Wenn mit ihr nicht soviel Schrecken und menschliche Torheit verbunden wären. Aber dieser Anblick legt – in jeder Hinsicht – die Nahtstellen zwischen den beiden Teilen der Stadt bloß. Hier kann man nicht gleichgültig sein, auch nach 28 Jahren nicht. Man kann den Tempelberg hassen, statt die Menschen zu hassen. Man kann der offen daliegenden Schönheit die Schuld gaben, statt der menschlichen Natur und der Ekstase, die sie bei den Betrachtern hervorruft. Denn es gibt eine Schönheit, bei deren Anblick der Betrachter weiß, daß sie Unheil und Schrecken birgt. Daß sie bei den Menschen den Drang zur Rebellion weckt.
Erschrocken verlasse ich diesen Ort. Erst auf der Hauptstraße, außerhalb des Basars, beruhige ich mich. Und dort, in der Straße Salah Ed-Dinh, stehen in einer langen Reihe Leute mit israelischen Ausweisen in den Händen. Ohne mich nach Einzelheiten zu erkundigen, weiß ich, daß es sich um arabische Einwohner Ost-Jerusalems handelt, die um eine Arbeitserlaubnis im Westteil der Stadt anstehen. Elisabeth fragt einen der Männer, was die Schlange bedeutet, und er betrachtet uns drei.

»Fragt sie«, antwortet er und deutet auf mich, und ich senke schuldbewußt den Kopf.
Die Journalistin und der Fotograf sind verblüfft. »Woher hat er gewußt, daß Sie Israelin sind?« will Elisabeth wissen. »Wir haben englisch miteinander gesprochen. Sie sind angezogen wie ich. Sie sehen überhaupt nicht anders aus.« Ich weiß nicht, was ich antworten soll. Natürlich wußte er es. Natürlich weiß jeder Bewohner dieser Stadt, wohin der andere gehört. »Aber woran ist es zu merken?« [...] »Das ist eine Überlebensfrage«, sage ich schließlich. »Wenn es notwendig ist, kann man den anderen offenbar erkennen.« Wer hier lebt, Tag für Tag, muß es wissen. Denn ein Bewohner Jerusalems zu sein bedeutet, daß man, insgeheim, die ganze Zeit wach und gespannt sein muß, gefaßt auf die lautlose Bedrohung durch diese goldenen Steine. Aber vielleicht wissen nur Überlebende und Gerettete von der Kraft des Überlebens.

Kriminalromane haben in Israel keine Tradition. Wie auch, der Alltag im Heiligen Land war ja schon immer Krimi genug. Es dauerte bis 1988, bis der erste Thriller aus der Feder eines israelischen Autors erschien, dem eine Welle weiterer Krimis einheimischer Provenienz folgte. Davon haben zum Beispiel Shulamit Lapids *Lokalausgabe* oder Ora Schem-Urs *Mord in der Knesset* mühelos den Weg auch zum deutschen Buchmarkt gefunden. Doch wenn von Kriminalromanen aus Israel die Rede ist, dann steht ein Name unangefochten an der Spitze: Batya Gur, die israelische Queen of Crime.

Wer könnte das plötzliche Aufblühen des Kriminalromans in Israel besser erklären als die Autorin selbst? »Die israelische Gesellschaft steckt gegenwärtig in einer tiefen Identitätskrise«, sagt sie in einem Gespräch. »Daß ich Krimis schreibe, hat auch etwas damit zu tun. Denn schließlich entstehen Kriminalromane nicht in einer ›heilen Welt‹, sondern in einer von Mißtrauen und Angst geprägten Atmosphäre. Als ich anfing mit dem Schreiben, gab es in Israel keine Krimi-Autoren. Heute sieht das völlig anders aus.« In diesem Zusammenhang fällt einem auch das bekannte Bonmot des israelischen Nationalschriftstellers Chaim Nachman Bialik ein: Der jüdische Staat wird erst dann normal sein, wenn es darin auch einen jüdischen Dieb und eine jüdische Nutte gibt. Daran besteht, wie jeder Israelbesucher schnell bemerken wird, kein Mangel mehr.

Gerne lebt Batya Gur nicht mehr in der Stadt Davids. Den aggressiven Lärm der Ultraorthodoxen »wegen ein paar alter Steine« könne sie nicht verstehen, noch weniger die Bereitschaft, sich deswegen sogar gegenseitig umzubringen. Trotzdem ist die Schriftstellerin, im Gegensatz zu vielen Intellektuellen, die die kosmopolitische, liberale Atmosphäre Tel Avivs vorziehen, in Jerusalem geblieben. Hier schreibt sie ihre klugen Essays und Buchkritiken für die angesehenste Tageszeitung des Landes, »Ha'aretz«, und lehrt an der Universität »Creative Writing«.

Batya Gur, 1948 in Tel Aviv als Tochter polnischer Einwanderer geboren, ist erst verhältnismäßig spät, etwa vierzigjährig, zum Schreiben gekommen. Ihr erstes Buch, *Denn am Sabbat sollst du ruhen*, hatte sie geschrieben, »um ein wenig Abwechslung in mein Leben zu bringen«. Ihr schwebte ein Kriminalroman vor, der einen perfekten Plot mit sozialkritischem Engagement verbindet. Dabei hat sie sich an Simenons Maigret-Romanen orientiert, dessen scharfsinnige Gesellschaftskritik sie mit sprachlicher Souveränität auf die israelische Verhältnisse überträgt.

In ihrem Debütroman hat zum erstenmal Michael Ochajon seinen Auftritt, der eigenwillige, melancholische Kommissar der Jerusalemer Polizei, der zuweilen am Leben zu verzweifeln scheint. Wegen seiner marokkanischen Vorfahren zählt Ochajon zu den Außenseitern in einer Gesellschaft, in der noch immer die Aschkenasim, die Juden europäischer Abstammung, den Ton angeben. Mit ihrem Jerusalemer Kommissar ist Gur anerkanntermaßen eine besonders interessante Figur der Kriminalliteratur gelungen. Der sofortige Erfolg des Buches überraschte vielleicht niemanden mehr als die Autorin selbst. Die erste Auflage war im Handumdrehen ausverkauft, ausländische Verlage gaben Übersetzungen in Auftrag, und auch die Kritiker waren sich einmal in ihrer Begeisterung einig. Selbst der eher bedächtige Shimon Peres hatte sich zu wahren Lobeshymnen hinreißen lassen und dabei sowohl den raffiniert ausgeklügelten Plot als auch Gurs genaue Beschreibung des gesellschaftlichen Milieus in *Eretz Israel* hervorgehoben.

Wie bei vielen Orten im Heiligen Land ist auch die genaue Lage des Garten Gethsemane unsicher. Doch einiges spricht dafür, daß er sich östlich des Goldenen Tores befunden hat, von dem es im Markus-Evangelium heißt: »Und sie kamen zu einem Garten mit Namen Gethsemane. Und er sprach zu seinen Jüngern: Setzt euch hierher, bis ich gebetet habe. Und er nahm mit sich Petrus und Jakobus und Johannes und fing an zu zittern und zu zagen und sprach zu ihnen: Meine Seele ist betrübt bis an den Tod; bleibt hier und wachet!« (Markus 14,32-36)

Der Name »Gethsemane« leitet sich wahrscheinlich von dem hebräischen Wort für »Ölpresse« ab, was angesichts der vielen Olivenbäume in dieser Gegend einleuchtet. Im 4. Jahrhundert baute Kaiser Theodosius I. über jenem Felsen, auf dem Jesus gebetet haben soll, eine Basilika. Heute steht dort die »Kirche der Nationen«. Ein Dutzend verschiedener Völker hatte das Geld für den Bau der Kirche zusammen aufgebracht. Nicht weit davon entfernt befindet sich die von Zar Alexander III. gestiftete russisch-orthodoxe »Maria-Magdalena-Kirche«, die man auch sofort an ihren typischen Zwiebeltürmen erkennt. Auf den Ruinen einer Kirche aus dem 5. Jahrhundert steht, weiter oben auf dem Berg, die Franziskanerkapelle »Dominus Flevit« (»der Herr weinte«). Sie wurde erst Mitte der fünfziger Jahre errichtet und soll an jene Bibelstelle erinnern, in der der Heiland an diesem Ort Tränen über die Stadt Jerusalem vergoß. (Lukas 19,41-42)

Zum Garten Gethsemane gelangt man heute nicht mehr durch das Goldene Tor, durch das Jesus seinerzeit schritt, sondern man muß den kleinen Umweg durch das Löwentor, auch Stephanstor genannt, nehmen. Das Goldene Tor war einst der einzige Zugang zum Tempelberg und hieß zu Christi Zeiten noch Susator. Omar I. ließ es zumauern, weil er an die Prophezeiung glaubte, daß die künftigen Eroberer der Stadt durch dieses Tor kommen werden.

Um zum Ölberg zu gelangen, muß man zunächst eine der lautesten Verkehrsstraßen des modernen Jerusalem (Jericho Road) überqueren und gelangt dann in das Kidrontal, auch Tal Joschafat, Ort des Jüngsten Gerichts, genannt. Saul Bellow ist diesen Weg während seiner Jerusalem-Reise mehrfach gegangen:

Eine enge Straße und an den Hängen unendliche Steinhalden. Höhlen, Gräber, Abfälle, heruntergestürzte Steinbrocken und in winzigen Schulzimmern arabische Jungen, die ihre Lektionen singen. Selbst im November ist die Gegend unangenehm warm. Die Jordanier haben eine Straße über jüdische Gräber gebaut. Die Stadtverwaltung von Jerusalem plant den Bau einer neuen Straße und will die jordanische abbrechen. Die Überreste aus der Zeit des Herodes sind genau das, was Überreste sein sollten – verunstaltete zeitverwitterte Säulen, Absaloms Grab mit seinem Zwiebeldach und dem seltsamen Schornstein, der darüber spitz zuläuft. Die Heere der Toten in allen Richtungen, ohne Ende. Eine feine Sache für Zwangsvorstellungen: Beerdigung und Klage und unter den Mauern von Jerusalems liegen und warten, daß die Trompete des Messias ertönt. Ein paar arabische Hennen scharren im Staub und picken. Kein Frühstücksei kommt auf den Tisch, das nicht mit dem Tod gesprenkelt ist.

William Makepeace Thackeray zeigte sich hier vom Anblick des großen jüdischen Friedhofs geradezu entsetzt: »Von allen Teilen kommen sie hierher, um ihre Toten zu begraben. Wenn für jenen alten Geizhals dort, mit dem wir die Reise unternommen haben, die Zeit gekommen ist, wird er seinen Kadaver hier zur Ruhe legen. Dies zu tun und Geld zusammenzuraffen war der einzige Sinn seines sonderbaren langen Lebens.«

Auf diesem Friedhof finden sich die Gräber vieler berühmter Persönlichkeiten. Auch die deutsche Emigrantin Else Lasker-Schüler hat hier ihre letzte Ruhe gefunden. »Wer in den Jahren 1939 bis 1945 in den Straßen von Jerusalem ein gewisses altes Frauchen sah, gekrümmt und kurios gekleidet, der konnte unmöglich wissen, daß diese alte, verlassen wirkende Frau eine große Dichterin war, daß dieser kleine Körper in seiner ärmlichen Hülle einen Geist barg, von dem die Welt noch einmal reden sollte.«

Manfred Sturmann fährt in seinem von liebevollem Respekt geprägten Gedenkartikel in der Neuen Zürcher Zeitung anläßlich des 100. Geburtstages von Else Lasker-Schüler 1969 fort: »Wer aber, ihr entgegenkommend, das Glück hatte, einen Blick von ihr zu erhaschen, dem fielen die großen, glühenden Augen in dem gefurchten Gesicht auf: richtige Märchenaugen.«

Der Grabstein Else Lasker-Schülers, die am 22. Januar 1945 in Jerusalem starb, steht heute an seiner vierten Stelle. Der von Leopold Krakauer behauene Felsblock aus rotem Galiläa-Stein ist so nicht nur ein Denkmal für die deutsche Dichterin, sondern zugleich auch ein Symbol für die Rastlosigkeit ihres Daseins.

Drei Jahre nachdem die Emigrantin auf dem uralten Gräberfeld der Juden auf dem Ölberg beigesetzt worden war, begann der erste israelisch-arabische Krieg, bei dem der Ostteil der Heiligen Stadt unter jordanische Kontrolle geriet. Als schließlich die Juden nach dem siegreichen Sechs-Tage-Krieg 1967 und der Wiedervereinigung Jerusalems Zugang zum Ölberg erlangten, kam in dem Trümmerfeld auch der Grabstein Else Lasker-Schülers zutage. Nach mehreren Neuordnungen fand der wuchtige Quader mit den großen hebräischen Lettern schließlich unmittelbar am Eingang des Friedhofs seinen endgültigen Platz.

1939 traf Else Lasker-Schüler in Palästina ein, in ihrem *Hebräerland*, wie der Titel ihres letzten Prosabandes lautet und wo sie die sechs Jahre bis zu ihrem Tode verarmt, krank und von der Öffentlichkeit kaum beachtet lebte. Zuvor hatte sie bereits fünf Jahrzehnte lang das rastlose Leben einer Vagantin geführt, ständig in Geldnot, ständig auf der Suche nach Anerkennung, Liebe und Freundschaft. »Ich habe keine Ruhe, immer unstet, kein Zuhause. Ich wollte, ich wäre jemand sein Kind«, vertraute sie einem Freund an. Sie hatte nie eine eigene Wohnung besessen, hauste statt dessen in ärmlichen Pensionen oder billigen Hotelzimmern, in Berlin oft im Hotel Koschel in der Motzstraße am Nollendorfplatz, übernachtete gelegentlich auch auf Parkbänken und wurde später während ihrer Emigration in einer Zürcher Parkanlage deshalb sogar von der Sittenpolizei aufgegriffen.

In Berlin, wo Else Lasker-Schüler viele Jahre verbrachte, gehörte sie dem Kreis junger Expressionisten an, die in dem berühmten Romanischen Café gegenüber der Kaiser-Wilhelm-Gedächtniskirche oder im Café des Westens zusammenkamen, um einander ihre Werke vorzutragen. Bei den Zeitgenossen trafen ihre Gedichte auf unterschiedliche Resonanz. Nannte Gottfried Benn sie »die größte Lyrikerin, die Deutschland je hatte«, reagierte Franz Kafka kühl mit Langeweile und Abneigung auf »ihre Leere und künstliche Extravaganz«. Louis Fürnberg hielt sie für »verrückt (ein bißchen bewußt verrückt), bösartig, gutherzig, komisch und göttlich«. Peter Hille, ein Schriftsteller-Kollege und Freund, dem sie am nächsten stand, fand für die Dichterin schöne, unvergeßliche Worte: »Sie ist der schwarze Schwan Israels, eine Sappho, der die Welt entzweigegangen ist.«

1932 erhielt Else Lasker-Schüler den Kleistpreis, was ein Jahr später die Nationalsozialisten freilich nicht davon abhielt, die »frivole und morbide Kaffeehausliteratin« auf ihre schwarze Liste der unerwünschten Künstler zu setzen. Sie kehrte im gleichen Jahr Deutschland den Rücken und irrte durch die Welt, bis sie schließlich im Heiligen Land eine letzte Bleibe fand.

Man wird Else Lasker-Schüler kaum als eine »Emigrantin« bezeichnen können. Sie kam nach Palästina, anders als zum Beispiel Arnold Zweig, nicht so sehr der äußeren Zwänge wegen, sondern aus Sehnsucht nach der Stadt ihrer Träume; für sie war das Eintreffen in Jerusalem die Heimkehr in das Land ihres Volkes.

»Ich habe den Sommer durch nur gearbeitet wie ein Gefangener«, schreibt sie nach dem Fertigstellen des Buches *Hebräerland*. Hier wollte sie das Heilige Land so darstellen, wie sie es sah oder besser: sehen wollte. Es sollte eine Melange aus Reiseerlebnissen, Anekdoten und religiösen Versen werden, »dichterisch«, »nit literarisch oder sozialökonomisch oder so was langweiliges«. Die Realität im Palästina der dreißiger Jahre nahm sie nicht zur Kenntnis, ihr ging es darum, das biblische Land in eigenen Traumbildern darzustellen. *Das Hebräerland* schrieb Else Lasker-Schüler 1935, nachdem sie von ihrer Palästinareise zurückgekehrt war.

Palästina ist das Land des Gottesbuchs, Jerusalem – Gottes verschleierte Braut. Ich kam von der Wüste aus, reiste zur heiligen Hochzeit, eingeladen zur Feier, die immer Jerusalem umgibt. Immer ist Hochzeit unter dem Baldachin seines Himmels. Gott hat Jerusalem lieb. Er hat es in Sein Herz geschlossen. Er hat diese ewige Stadt der Städte erwählt. Jeder Gast, der in diese Stadt kommt, wechselt sein Kleid mit der Weihe des Gewands. Diese fromme Wandlung verpflichtet den Menschen, sich feierlich und artig zu benehmen, die andächtige Stimmung der auserlesenen, erhobenen Stadt nicht zu erschrecken. Ich muß sagen, ich habe nie ein überlautes Wort, nie einen schrillen Ton in Jerusalem vernommen, weder in seinen Straßen, noch in seinen Häusern und Palästen. Man hört darum deutlicher Gott atmen. Überwältigt von Seiner Nähe, beginnt der Mensch zu beben. Man muß sich an Gott gewöhnen. Und tut gut, sich zu reinigen, immer besser zu werden. Die Seele wird von tiefer Furcht ergriffen, beginnt zu brennen. Manchmal hätte ich mich gern vor Gott versteckt.
Nicht alle Menschen, die in das Land Palästina reisen, leben dort im Bewußtsein ihrer Aufgabe. *Palästina verpflichtet!!!* Sich erholen, namentlich im seelischen Sinne, ist Jerusalem, Palästinas Hauptstadt, der rechte Ort, *das heilende Bad der Seele.* Denn die Stadt segnet den Menschen, der sich nach dem Segen sehnt, die fromme Stadt tröstet den, der getröstet werden möchte. Jerusalem ist die *Sternwarte* des Jenseits, der *Vor-*

himmel des Himmels. In dieser himmlischen Schöpfung wurde der erste Tempel gebaut.

Wie tief aber muß Else Lasker-Schülers Enttäuschung gewesen sein, als sich das Heilige Land nach ihrer Emigration als ein Ort der scheinbar unlösbaren Konflikte und blutigen Fehden offenbarte, der so wenig ihren schwärmerischen Erwartungen ähnelte! Wurde die Versöhnung von Moslems und Juden bereits 1914 in dem Erzählband *Der Prinz von Theben*, der in eine Welt imaginärer arabischer Potentaten führt, thematisiert, verklärte sie im *Hebräerland* Jerusalem als ein Symbol der Verbrüderung der drei großen Religionen, als einen Ort, wo alle Gegensätze in Harmonie münden. Doch ihre Briefe, vor allem jene an den Verleger Salman Schocken, dokumentieren ihr Leiden am Exil. Dieses Gefühl des Ausgeschlossenseins erkennt man auch in Gedichten mit so vielsagenden Titel wie »Die Verscheuchte« oder in Verszeilen wie »Wo soll ich hin, wenn der kalte Nordwind bläst«.

ICH LIEGE WO AM WEGRAND

Ich liege wo am Wegrand übermattet –
Und über mir die finstere kalte Nacht –
Und zähl schon zu den Toten längst bestattet.

Wo soll ich auch noch hin – von Grauen überschattet –
Die ich vom Monde euch mit Liedern still bedacht
Und weite Himmel blauvertausendfacht.

Die heilige Liebe, die ihr blind zertratet,
Ist Gottes Ebenbild ...!
Fahrlässig umgebracht.

Darum auch lebten du und ich in einem Schacht!
Und – doch im Paradiese trunken blumumblattet.

»Nicht alle Menschen sind kräftig genug, um es lange in Jerusalem auszuhalten; selbst diejenigen, die das Klima ertragen und nicht von Krankheiten befallen werden, unterliegen häufig«, schreibt Selma Lagerlöf in ihrem Roman *Jerusalem*. Auf Else Lasker-Schüler scheint das zuzutreffen.

Allerdings muß erwähnt werden, daß das landläufige Bild von der verarmten und verkannten Dichterin möglicherweise überhaupt nicht oder nur zum Teil der Wahrheit entspricht. Manfred Sturmann jedenfalls hatte das Leben der Dichterin in Jerusalem in ganz anderer Erinnerung: »Ich weiß aus nächster Kenntnis, daß die Dichterin vom Augenblick ihrer Ankunft bis zu ihrem Tode über eine feste Existenzbasis verfügte. Aus zwei Quellen erhielt sie einen Ehrensold, der bei der damaligen Kaufkraft des Palästina-Pfundes dem Monatsgehalt eines verheirateten mittleren Beamten entsprach. Arm war sie also nicht. Daß sie ihr Geld nicht einzuteilen wußte und vom Begriff ›Wert‹ eine besondere Auffassung hatte, ist eine andere Sache.«

Auch nicht ganz so bibelfesten Lesern wird der Garten Gethsemane vertraut sein. Der französische Schriftsteller und Religionswissenschaftler Ernest Renan schreibt in seiner Christus-Biographie *Das Leben Jesu* (1863), die Oscar Wilde »das köstlichste Fünfte Evangelium« nannte, darüber. Renan, dieser »freie und milde Geist, der jahrzehntelang die Elite Europas beherrscht hatte« (Stefan Zweig), war zu diesem damals sensationellen Werk durch eine Reise nach Palästina angeregt worden. In diesem vielleicht schönsten Buch der kaum noch überschaubaren »Leben-Jesu-Literatur« spürt der Leser nicht nur allenthalben den beeindruckenden Sachverstand und die stupende Belesenheit des Autors, sondern auch die Kunst eines talentierten Romanciers. Renans Buch hebt sich von der üblichen »Leben-Jesu-Werken« durch seine stilistische Meisterschaft und die brillant vorgetragenen Thesen ab:

Nachdem er den Tag mit Streitigkeiten im Tempel zugebracht hatte, stieg er abends in das Tal Cedron hinab, ruhte ein wenig in dem Baumgarten einer ländlichen Niederlassung (wahrscheinlich eine Ölpflanzung) namens Gethsemani, welche den Bewohnern als Vergnügungsort diente, und brachte die Nacht auf dem Ölberge zu, der gen Osten den Horizont der Stadt begrenzt. Diese Seite ist in der Umgebung Jerusalems die einzige, welche einen etwas freundlicheren und grünen Anblick gewährt. Die Pflanzungen von Öl-, Feigen- und Palmbäumen waren dort zahlreich und gaben den Dörfern, Pachthöfen und Gehegen von Bethphagé, Gehtsemani und Bethanien ihre Namen. Auf dem Ölberg standen zwei große Zedern, deren Andenken sich lange Zeit bei den zerstreuten Juden erhielt; ihre Zweige dienten Schwärmen von Tauben als Zuflucht, und unter ihrem Schatten waren kleine Basare aufgeschlagen. Dieser ganze Bezirk war gewissermaßen der Standort Jesu und seiner Jünger; man sieht, daß er dort fast Feld für Feld und Haus für Haus kannte.

Der Weg hinauf zum Gipfel des Ölbergs ist steinig und etwas beschwerlich, doch die Mühe lohnt sich. Denn von dort kann man den besten Blick auf die Stadt genießen. Künstler, vor allem des 19. Jahrhunderts, liebten es, Jerusalem von hier aus zu zeichnen, und kein Reiseführer, der seinen Leser nicht diesen herrlichen Ausblick empfiehlt. Im Vordergrund dominiert der Felsendom in seiner Pracht, Sie können auf die Altstadt herabblicken und auch die Skyline des modernen Jerusalem mit den vielen Neubauten und (wenigen) Wolkenkratzern im Hintergrund entdecken. »Himmel und Erde werden vergehen, aber meine Worte werden nicht vergehen.« Das sagte der Mann aus Galiläa seinen Jüngern von dieser Stelle auf dem Ölberg und konnte damals noch den prächtigen Tempel des Herodes sehen.

Wem es die Zeit gestattet, sollte diesen Ausflug noch ein zweites Mal machen. Denn Jerusalem präsentiert sich zu jeder Tageszeit anders. Am schönsten sieht die Heilige Stadt während des Sonnenuntergangs aus. Dann darf man das in der hebräischen Lyrik oft zitierte Goldene Jerusalem bestaunen, das nun wie in purem Gold getaucht erscheint und deshalb nicht ohne Grund unzählige Postkarten ziert.

Besonders eindrucksvoll sind die frühen Morgenstunden, wenn leichte Nebelschwaden über den Kirchtürmen und Kuppeln der Minarette schweben und der Verkehrslärm aus dem Kidrontal noch nicht so stark ist.

Diese Tageszeit bevorzugte Herman Melville: »In der Verfolgung meiner Absicht, nämlich meinen Geist zu sättigen mit der Atmosphäre Jerusalems, mich bereitwillig diesen gespenstigen Eindrücken ganz und gar hinzugeben, stand ich immer, sobald der Morgen graute, auf & wanderte durch die Tore hinaus vor die Stadt.«

Jakob Theodor Plitt, evangelischer Pfarrer, Universitätsprofessor in Bonn und Autor mehrerer Bücher, veröffentlichte in der Mitte des 19. Jahrhunderts seine Reiseimpressionen als *Skizzen aus einer Reise nach dem Heiligen Land*. Den Besuch des Ölbergs beschrieb Plitt so:

Zu unsern Füßen Jerusalem, im Sonnenglanz leuchtend; die Burg Davids mit scharfen Umrissen in den blauen Himmel gezeichnet; die Kuppeln der Grabkirche und der verschiedenen Klöster; die Minaretts, hervorragend aus der Masse der blendend weißen, teils gewölbten, teils ganz flachen Dächer; diese Dächer voneinander geschieden durch zierliche, um des Luftzuges willen künstlich durchbrochene Mauern. Das Auge ruht auf dem großen, wahrhaft schönen Haram, wo einst Salomos Tempel prangte, und bewundert den edlen Bau der Moscheen, die achteckige Sakhrah, überwölbt von der schönsten Kuppel, die man sich denken kann; – die Aksa, die so deutlich an eine christliche Basilika erinnert, wenn ihr langes Dach durch das dunkle Grün der Zypressen und Orangen hindurchblickt. Wenden wir uns nach Süden, so begrenzen die Gebirge Juda den Horizont in einem weiten Bogen, beginnend mit den Bergen bei Thekoa, der Heimat des Propheten Amos, und sich dann nach Westen herumziehend. Deutlich unterscheidet man den Frankenberg und die Hügel in der Umgebung von Bethlehem. Auf einem näheren Bergrücken in der nämlichen Richtung leuchtet das Kloster Mar Elyas. Dann sehen wir die Hochebene Rephaim, südwestlich in das Wady-el-Werd sich absenkend, welche der frischen Abendbrise vom Meer den Zugang nach Jerusalem öffnet. Westlich erhebt sich der Höhenzug, über den die Straße nach Jaffa hinführt, und etwas weiter nach Norden der steile Nebi Samwil mit seiner Moschee, während im Hintergrund die Gebirge von Samaria hervorragen. Im Osten endlich liegt das Jordantal zu unsern Füßen. Wie ein grünes Band schlängelt sich der Fluß über den weißlichen Grund. Hie und da, zwischen den wellenförmigen Hügeln hindurch blicken wir in den azurblauen Spiegel des toten Meeres hinein und sehen in demselben das Bild der felsigen Ufer. Folgt der Blick der Ostgrenze des Jordantales, so geht eine ununterbrochene Kette von Bergen bis an die steilen Klippen

des toten Meeres. Ein unendlich sanfter, violetter Duft ist über Moabs Gebirge ausgegossen, aber Dörfer, Städte, menschliche Wohnungen sucht das Auge vergebens.
Dies ist ein schwaches Schattenbild des Panoramas vom Ölberg.

Auch Alfred Kerr hat sich das einzigartigen Panorama nicht entgehen lassen: »Nach dem Ölberg eines Morgens geritten«, notiert er lakonisch in sein Tagebuch. »Eine Himmelfahrtskapelle gehört hier den Moslim. Ich sehe weit über das Land – auf die weiße Stadt Jeruschalajim ... Ich sehe vom Ölberg den Tempelplatz. Im Garten Gethsemane wachsen Ölbäume, uralt, riesendick, zerberstend. Außerhalb des Gartens weiden Ziegen. War es dort, wo Judas Jesum küßte? Hat er ihn geküßt? Hat er gelebt?«

Nördlich des Zionplatzes und der Jaffastraße erstreckt sich das zwischen 1873 und 1875 als zweite jüdische Siedlung außerhalb der Altstadtmauern gegründete Viertel Mea Shearim. In fast allen Reiseführern wird der hebräische Name mit »Hundert Tore« übersetzt, tatsächlich geht die Bezeichnung aber auf die hundertfache Ernte Isaaks im Philisterland zurück, die im 2. Buch Mose erwähnt wird. Die mit roten Ziegeldächern versehenen Häuser wurden von dem deutschen Architekten Conrad Schick wie zu einer Festung arrangiert und stellen heute die Hochburg der Ultraorthodoxen dar. Wann immer zu diesem heiklen Thema eine Bericht im Fernsehen auftaucht, muß dieses Viertel als stimmige Kulisse herhalten.

Wer hierher kommt, hat sich darauf gefaßt zu machen, eine geschlossene Welt zu betreten, deren Bewohner auf Fremde wenig Wert legen. Hier sind die Haredim, also »die Gottesfürchtigen«, zu Hause, die sich heute noch so kleiden, wie man es im 19. Jahrhundert im osteuropäischen Schtetl zu tun pflegte. Die Männer tragen – auch bei brütender Hitze im Hochsommer – schwere schwarze Mäntel, oft pelzbesetzte Hüte, sie lassen sich zumeist lange Bärte und Schläfenlocken wachsen. Viele Einwohner von Mea Shearim gehen keiner Arbeit nach, studieren um so eifriger die Thora, sie verweigern den Militärdienst, zahlen keine Steuern und lehnen ganz allgemein den modernen israelischen Staat als Gotteslästerung ab. Denn für sie kann es das ersehnte *Eretz Israel* erst nach der (täglich erwarteten) Rückkehr des Messias geben. Aus diesem Grund sprechen sie auch vorzugsweise Jiddisch und betrachten das Hebräische als heilige, im Alltag verbotene und nur für das Gespräch mit Gott vorbehaltene Sprache.

Sehr oft stößt man auf Tafeln an Häuserwänden, die den Besuchern unmißverständlich klarmachen, was man in Mea Shearim von ihnen erwartet: die Gefühle der Frommen unbedingt und immer zu respektieren, indem Besucher beispielsweise nicht in »unziemlicher Kleidung« durch ihre Straßen laufen und auch auf das Fotografieren verzichten. Muriel Spark hat die Atmosphäre von Mea Shearim in ihrem Roman *Das Mandelbaumtor* eingefangen: »Dort am Ende dieser orthodoxen Straße, so hieß es, sammelten sich gewöhnlich am Samstagmorgen die orthodoxen Juden, um in frommem Eifer die vorüberfahrenden Wagen, Sabbatschänder, zu steinigen. Und auf der anderen Seite der Straße spannten sich Spruchbänder von Gebäude zu Gebäude, auf denen in hebräischer, französischer und englischer Sprache die Ermahnung zu lesen war: TÖCHTER ISRAELS, WAHRT ANSTAND AUF DIESEN STRASSEN!«

Manès Sperber besuchte 1958 zum erstenmal das damals noch geteilte Jerusalem. Der Psychoanalytiker und Schriftsteller beschreibt in dem Essayband *Churban oder Die unfaßbare Gewißheit* auch einen Abstecher nach Mea Shearim:

Nach ihrer Auffassung ist ein Glaube ohne die strengste Beachtung aller Gebote, Regeln und Gebräuche nur eine verächtliche Heuchelei. Selbst der Unglaube ist für sie noch ein Glaube: ein schlechter Glaube. Die Entscheidung der Jerusalemer Stadtverwaltung, ein Schwimmbad für Männer und Frauen einzurichten, ist für sie ein absichtsvoller Frevel, eine jener Untaten, die den Erlöser entmutigen und sein Kommen hinauszögern.
Die Einwohner dieses Viertels, zum größten Teil autochthon, lehnen es ab, Israelis zu sein. Sie kleiden sich unter der subtropischen Sonne, als lebten sie in Lublin oder Berdytschew, in Czortkow oder Belzec, und die frömmsten *Chassidim* bleiben der sogenannten »altfränkischen Manier« getreu: ihre Gewänder sind die der Städter des 16. Jahrhunderts, doch bedecken sie das Haupt mit einer polnischen Pelzmütze. Schon den kleinsten Knaben rasiert man die Schädel kahl; nur ihre, zumeist blonden, Schläfenlocken müssen so lang werden, daß sie die Schultern berühren. Hier zieht man die Art von Lebensmitteln vor, mit denen sich die Ahnen in den osteuropäischen Städtchen genährt haben. Genau wie dort verschwenden die Bettler Segenssprüche in Jiddisch an großherzige Passanten und überschütten mit Flüchen jedes harte Herz.
Man könnte glauben, daß es sich um eine übertrieben getreue Rekonstruktion für einen Farbfilm handle. Das Pittoreske breitet sich überall aus, es lockt die Touristen an, die hier wie überall nach dem Kuriosen jagen, nach allem, was im Leben der anderen Alltag, ihnen selbst jedoch das schlechthin Fremde ist.

In *Israel, um Himmels willen, Israel* gelang Ralph Giordano eine präzise Momentaufnahme des Landes Israel, dem sich der Autor der *Bertinis* in kritischer Liebe zugehörig fühlt. Giordano entschied sich, Mea Shearim am Sabbat einen Besuch abzustatten, und bekam auch prompt die erwarteten Schwierigkeiten:

Es ist Sabbat, Sonnabendmorgen, und ich lasse mich in einem Taxi bis an den Rand von Mea Schearim fahren, Jerusalems orthodoxem Viertel. Seit gestern abend sind stählerne Barrieren aufgestellt worden, damit es niemandem einfalle, hier hineinzufahren. Denn alles, was wie Arbeit aussehen könnte, ist am Sabbat streng verboten. Wenn sich auch weite Teile des modernen Israel darum so wenig scheren wie die übrige Welt – in diesem selbstgewählten Getto sind die Frommen überaus wachsam. Ich kriege das sogleich zu spüren.
Eben bin ich zu Fuß hinter der Absperrung, habe ich auch schon Begleitung neben mir – einen alten Mann, sehr nahe, mit bösem Glitzern in den Augen und auf gleicher Höhe, trotz wechselndem Tempo, das ich nun einschlage, um zu sehen, ob die Aufmerksamkeit wirklich mir gilt. Sie gilt mir, denn nun stößt der Alte mit dem grauen Bart Laute aus, an deren feindseligem Charakter kein Zweifel mehr herrschen kann, und dabei zeigt er auf mich – nein, vielmehr auf meine Tasche, die ich umgehängt habe. In der gleichen Sekunde begreife ich – eine Tasche zu tragen fällt hier unter das Arbeitsverbot am Sabbat. Bilder stiegen auf, Photos vor noch gar nicht so langer Zeit in irgendeinem Blatt, von Straßenschlachten, knüppelschwingenden Rabbinern, demolierten Autos und blutenden Menschen – die Religiösen hier machen ernst. In der Tasche ist das Sprechgerät, in das ich alle meine Eindrücke auf dieser Israelreise diktiere, sind Kassetten und Batterien, ohne deren Benut-

zung das Gesehene und Erlebte verlorenginge. Eine alte Frau ist dazugekommen, offenbar das Ehegespons, und beschimpft mich, wobei sie unmißverständlich auf meine Schulter zeigt.

Diebe in der Nacht heißt ein Roman von Arthur Koestler, der Mitte der vierziger Jahre in der »zermürbenden, vergifteten Atmosphäre von Terrorismus, Brutalität und Trauer« in Jerusalem geschrieben, die »Ethik des Überlebens« zum Gegenstand hat. Denn, so schreibt der Autor im Vorwort, wenn Macht korrumpiere, gelte dies auch für das Gegenteil: »Verfolgung korrumpiert das Opfer«, wenngleich in subtilerer und tragischerer Weise. Koestler schildert in seinem Buch das Leben in Mea Shearim mit wenig freundlichen Worten:

Ihr heiligster Kern, die Altstadt, ist von der Mauer Suleimans umgeben und in ein muselmanisches, ein christliches, ein armenisches und ein jüdisches Viertel unterteilt. Außerhalb der Mauer ist die deutsche Kolonie, die griechische Kolonie und ein Geschäftszentrum; die übrige Stadt ist zum Teil arabisch, zum Teil jüdisch. Der letztere Teil ist wieder unterteilt nach dem Ursprung und der Periode der Einwanderer, die es erbauten, von dem altertümlichen Elendsghetto des Viertels der Hundert Tore bis zu dem ultramodernen Rechavia, dem nichtarischen Sprößling der Weimarer Republik, komplett mit Glas, Chrom, Goethe, Adler und Thomas Mann. Jede dieser abgesonderten Welten lebt in einer Entfernung von höchstens zehn Minuten Gehweges von den anderen. Sie blicken einander verächtlich und feindselig an, ohne sich zu vermischen, fast wie Kamele die Auspuffrohre von Autos beschnüffeln; und sie verschaffen sich daraus ungefähr die gleiche Befriedigung.

Die Nacht nach ihrer Ankunft in Jerusalem gingen Joseph und Simon durch das schlecht beleuchtete und zu dieser späten Stunde fast menschenleere arabische Viertel von Musrara und bogen dann in die Me'a She'arim, die Straße der Hundert Tore, ein. [...] Sie brachten die Ersparnisse eines Lebens mit, die sie gegen eine lebenslängliche monatliche kärgliche Unterstützung der Kehilla, der jüdischen Gemeinde, übergaben. Sie warteten auf den Tod, beteten unterdessen, stritten, studierten die Bibel und machten Souvenirs aus dem Heiligen Land – Alben mit gepreßten Blumen vom Skopus-Berg, mit heiliger Erde gefüllte Samtsäckchen, Federstiele aus Olivenholz mit einer kleinen eingelegten Linse, durch die man ein Miniaturpanorama von Jerusalem sehen konnte. Diese Souvenirs wurden ins Ausland geschickt, um an andere Juden verkauft zu werden, und ihr Ertrag bildete das Haupteinkommen der Gemeinde. Neben diesen gottesfürchtigen Betätigungen stritten die Ältesten der Hundert Tore ihre Familienfehden aus, schwindelten, bettelten, betranken sich einmal jährlich zur Feier von Esthers Triumph über Haman, fasteten am Tage der Tempelzerstörung, aßen bittere Kräuter zum Andenken an den Auszug aus Ägypten, bliesen das Widderhorn, das die Mauern von Jericho zum Einsturz brachte, erwarteten von Woche zu Woche das Kommen des Messias, und während sie auf den Tod warteten, zeugten sie noch im patriarchalischen Alter Kinder. Im Laufe der Jahre kamen auch jüngere Leute in die Hundert Tore, Männer mit schwarzen Kaftans und Pelzhüten, Frauen mit geschorenen Köpfen und Perücken, fromm und fruchtbar. Ein Dutzend Kinder auf das Paar waren in jenen Tagen keine Seltenheit; die jüngeren schliefen in den Betten ihrer Eltern, die anderen auf dem Boden; sie lebten in Heiligkeit und Schmutz, in Wohnhäusern mit labyrinthartigen Gängen und langen, engen Eisenbalkons,

von kriechenden Kindern und Ungeziefer umschwärmt. Im Gegensatz zu den Elendsquartieren der Moslems, die nach Gewürzen, Pferdemist und Holzkohle rochen, waren die Hundert Tore erfüllt vom Geruch von Petroleumlampen, Primuskochern, feuchter Wäsche und heißen Bohnen in Fett. Unter all diesen verschiedenartigen Gerüchen lag jedoch als ständig gegenwärtige Grundschicht der Geruch Jerusalems; der Geruch der sonnendurchhitzten Felsen und des weißen Kreidestaubs in den Straßen, dieses Produkts des verfallenden Steines, auf dem die Stadt steht.
»Würde man mir die Augen verbinden«, sagte Joseph, »könnte ich dennoch die Hundert Tore an ihrem heiligen Gestank erkennen.«

In ihrem Roman *So habe ich mir das nicht vorgestellt* erzählt Batya Gur von der 43jährigen Gynäkologin Jo'ela, deren geordnete Welt plötzlich aus den Fugen gerät. Ein junges Mädchen, das in ihre Krankenstation eingeliefert wurde, weist körperliche Anomalien auf, die die Möglichkeit, Kinder zu bekommen, ausschließen – mit all den folgenschweren Konsequenzen, die sich aus diesem »Makel« zwangsläufig ergeben, wenn man in Mea Shearim zu Hause ist. Viele Passagen dieses Buches vermitteln dem Leser interessante Einblicke in den Alltag dieses Viertels:

Wenn man oben an der Treppe der Awodat-Israel-Straße steht, unter dem steinernen Bogen, den Kopf senkt und blinzelt, hat man das Gefühl, einen Ausschnitt aus einem Schwarzweißfilm über ein jüdisches Ghetto zu sehen. Die Autos stören das Bild zwar, aber die Männer, die ihre schwarzen Hüte festhalten, und die Frauen, denen man schon von weitem ansieht, daß sie Perücken tragen, stimmen genau. Wohin eilen all diese Menschen? Warum gehen sie nicht langsamer? Heißer Wind wirbelt durch die Luft, reißt abgerissene Teile von Anzeigen mit sich, Zeitungsfetzen, eine leere Limonadenpackung. Wenn man oben an den langen schmalen Stufen steht und mit der Schuhsohle über ihre rissige Kante reibt, kann man sich nicht vorstellen, daß man sie sicher hinuntersteigen wird. Wenn man oben an der Treppe steht und der Gruppe Mädchen in langen blauen Röcken und schwarzen Strümpfen zuschaut, die über die lärmende Straße rennen, und meint, in der Gestalt am Rand, der mit den schlenkernden, knochigen Gliedern, das Mädchen zu erkennen, kann man sich vorstellen, das Gleichgewicht zu verlieren und die Treppe hinunterzufallen.

Sie hätte nicht so mit dem Vater sprechen dürfen, sie hätte nicht die Beherrschung verlieren dürfen, sie hätte auf einen anderen Tag warten müssen, um etwas für das Mädchen zu erreichen. Alle Mädchen auf der Straße waren sauber gewaschen, alle trugen lange Zöpfe. Wenn es soweit war, würde man ihnen die Zöpfe abschneiden. Langsam ging Jo'ela die Stufen hinunter, die Hand an das Eisengeländer gelegt, das die Treppe entlangführte, bis hinunter zur Me'a-Sche'arim-Straße. Rabbi Akiba hat gesagt: Alles ist nur als Pfand gegeben, und ein Netz ist über das ganze Leben gespannt. Wieso erinnerte sie sich daran?

Wenn man das von den Ultraorthodoxen selbstgewählte Ghetto wieder verläßt und auf der Jaffa Street in Richtung Altstadt geht, erreicht man mit der Ben Jehuda Street das moderne Hauptgeschäftszentrum Jerusalems. Der Kontrast könnte kaum größer sein. Bestimmte eben noch fromme Bescheidenheit, wenn nicht gar Armut das Straßenbild, so präsentiert sich hier der säkulare, weltoffene, tolerante Teil des Landes.

Ein ausgedehnter Bummel über das 1982 zur Fußgängerzone erklärte Areal rund um die Ben Jehuda Street lohnt sich allemal: Hier sieht man gepiercte Teenager, junge Wehrpflichtige, die in den zahllosen Straßencafés ihre Usi lässig neben sich liegen haben und mit Freunden vis-à-vis oder über die in Israel allgegenwärtigen Handys plaudern. Sind die Straßen und Gassen in der Altstadt schmal, steil und zum Teil sogar überdacht, zeichnet sich das neue Jerusalem durch breite und großzügig angelegte Straßen und Alleen aus. Viele Geschäfte, die sich unübersehbar am Standard westlicher Metropolen orientieren, laden zum Einkauf ein.

Wie es hier, rund um dem Zion Square, 1945 ausgesehen hat, kann man in Arthur Koestlers *Diebe in der Nacht* nachlesen:

Die Menge rief ihre Schlagworte und wälzte sich um den Platz herum zwischen dem Café Europe, dem Café Vienna und dem Zion-Kino, ziellos, ärgerlich und enttäuscht. Die Polizei hatte einen Kordon über die Jaffa Road aufgestellt, um den Amtssitz des Distriktkommissars zu beschützen, der sich etwa hundert Meter vom Platz befand. Dies hatte die Menge provoziert, und nun wurde es ihr einziges Ziel, den Kordon zu durchbrechen und zum Amtsgebäude zu marschieren. Sie drängten vor, wurden von der Polizei zurückgestoßen und formierten sich neuerlich, entschlossener als je.

Auch der schon zitierte Autor Felix Salten hatte sich während seiner Palästina-Reise nicht nur für das historische Jerusalem interessiert:

Es gibt Straßen, in denen die Kaufläden mit ihren Schaufenstern, die Wechselstuben der Banken sogar schon einen gewissen Anstrich von Luxus haben. Doch nur ein paar Schritte durch eine kurze Seitengasse, und man ist wieder im Ödland. Die Häuser des nächsten Viertels stehen weit weg, jenseits der Wüste von Bauplätzen und Schuttablagerungsstätten, durch die nur schmale, ausgetretene, holprige Fußsteige führen. Einige große Boulevards werden angelegt, aber an ihren breiten, glattgewalzten Fahrdämmen stehen noch keine Häuser. Später aber, wenn alle diese Gruppen und Viertel, diese Skizzen und Entwürfe, diese Anläufe und Vorsätze sich zusammengefügt haben, zu einer wirklichen großen Stadt, wird der Anblick reizvoll sein ebenso durch das Planlose wie durch das Planmäßige, durch das Gegründete wie durch das Gewordene, durch das Vielgestaltige, Abwechslungsreiche, aber auch durch das Internationale aller Bauten, Straßen, Plätze und Läden. Denn nirgendwo, in keiner Stadt der Erde, kommen die Menschen aller Völker und aller Nationen so buntgemischt zueinander, um nebeneinander zu wohnen, wie hier in Jerusalem. Diese Erscheinung, die dem christlichen wie dem mohammedanischen Empfinden ähnlich verwurzelt ist wie dem jüdischen, muß der Politik des jüdischen Palästina-Aufbaues die Richtung geben.

→ »Die Weihnachtsstadt«
BETHLEHEM

Am 2. Juni ritt ich in Gesellschaft der Grafen B. und S. und des Paters Paul nach Bethlehem. Die Entfernung dahin beträgt, obwohl man des schlechten Weges halber beinahe immer im Schritt reiten muß, doch nicht mehr als anderthalb Stunden. Die Aussicht, welche man auf dieser Exkursion hat, ist großartig und von ganz eigener Art. So weit der Blick reicht, haftet er auf Gestein – der Boden bietet nichts als Steine, und doch sieht man zwischen denselben Obstbäume aller Gattungen, Weinreben, die sich am Boden hinziehen, und Felder, deren Frucht sich mühsam zwischen den Steinen hervorarbeitet.

Mitte des 19. Jahrhunderts benötigte man noch, wie hier von Ida Pfeiffer beschrieben, eineinhalb Stunden, um von Jerusalem nach Bethlehem zu gelangen. Die etwa zehn Kilometer Entfernung lassen sich heute freilich bequemer bewältigen. In einer Viertelstunde ist man mit dem Taxi dort; vom Jaffator fahren auch Busse, die kaum länger unterwegs sind.

Bethlehem, nicht Jerusalem, ist, wenn man es ganz genau nimmt, die in der Bibel beschriebene »Stadt Davids«. Denn aus diesem Ort stammte König David, was insofern von Bedeutung ist, als die alttestamentarische Prophezeiung, der Messias werde einmal aus dem Hause Davids kommen, von den Christen als Legitimierung Jesu Christi als der angekündigte Heiland inter-

← Bethlehem ist die Stadt, in der man die Weihnachtsglocken das ganze Jahr über hören kann.

pretiert wird. So antworteten die von Herodes befragten Weisen, wo denn der »König der Juden« geboren sei, mit einem Zitat aus dem Alten Testament: »In Bethlehem in Juda. Denn so steht es bei den Propheten: Du, Bethlehem in Juda, bist keineswegs die unbedeutendste unter den führenden Städten von Juda, denn aus dir wird ein Fürst hervorgehen, der Hirt meines Volkes Israel.«

Daß die Geburt Jesu nach dem heutigen Stand der Forschung nicht in das Jahr Null unserer Zeitrechnung fällt, ist bekannt. Unter kritischen Kirchenhistorikern mehren sich allerdings auch Stimmen, die Bethlehem nicht für den Geburtsort Jesu halten, sondern eher für Nazareth plädieren, einige gar für Kapernaum am See Genezareth.

Solche Theorien hört man in Bethlehem verständlicherweise nicht so gern. Schließlich lebt der ganze Ort davon, die Geburtsstadt Jesu – ob man dies nun beweisen kann oder nicht – zu sein.

Schalom Ben-Chorin hat völlig recht, wenn er Bethlehem deshalb die »Weihnachtsstadt« nennt. Denn tatsächlich überstrahlt dieses Fest hier alles, und zwar 365 Tage im Jahr. Ben-Chorin hat fromme Pilger sogar im Hochsommer in der Geburtsgrotte »Stille Nacht, Heilige Nacht« singen hören.

Die meisten Bethlehemiten leben deshalb auch vom Tourismus. In vielen kleinen Werkstätten versorgen sie die gesamte westliche Welt mit ihren Weihnachtskrippen, Kreuzen, Christbaumschmuck und so manch anderen christlichen Devotionalien.

Bethlehem war die sechste Stadt im Westjordanland, die von Israel der palästinensischen Selbstverwaltung – dem Kern eines künftigen souveränen Palästinenserstaates – übergeben wurde. Drei Tage vor Weihnachten, am 21. Dezember 1995, verließen gemäß den Abkommen von Oslo die israelischen Soldaten die Stadt. In einer farbenprächtigen, von vielen TV-Stationen in die weite Welt übertragenen Zeremonie wurde auf dem Krippenplatz vor der Geburtskirche in Anwesenheit Jassir Arafats die in den vergangenen 28 Jahren strikt verbotene palästinensische Fahne gehißt. Die Massen jubelten und tanzten und begrüßten die ersten palästinensischen Polizisten in ihren dunkelblauen Uniformen. Nur für die frommen jüdischen Siedler war es ein Trauertag. Sie folgten zwar dem Ruf ihrer Rabbiner und versammelten sich zu Protestdemonstrationen, dürften sich dabei aber wohl im klaren gewesen sein, auf verlorenem Posten zu kämpfen. Die Teilung des Heiligen Landes zwischen Israelis und Palästinensern ist beschlossene Sache, die niemand mehr rückgängig machen kann.

Der Jubel war so groß wie die Hoffnung auf eine goldene Zukunft der Selbstbestimmung. Damals entstand das auch in deutschen Medien häufig sehr wohlwollend zur Kenntnis genommene »Projekt Bethlehem 2000«. Regierungen aus der ganzen Welt haben dafür Geld gespendet und damit der noch jungen Autonomiebehörde die nötigen Mittel für die dringend notwendige Modernisierung der gesamten Infrastruktur in die Hand gegeben.

Dadurch hat sich in Bethlehem innerhalb weniger Monate viel getan. Besucher, die den Ort bereits kennen, werden staunen. So ist der Krippenplatz endlich zu einer Fußgängerzone umgebaut worden, was die Orientierung im historischen Zentrum der Stadt ganz erheblich erleichtert. Früher klagten die Bethlehemer Behörden oft darüber, zwar kämen sehr viele Touristen in die Stadt, blieben aber selten länger als ein paar Stunden. Auch dies dürfte jetzt Vergangenheit sein, denn mittlerweile sind nicht nur viele Hotels gründlich saniert, sondern neue, darunter auch einige luxuriöse, gebaut worden.

Wer den Wunsch hat, eine Exkursion nach Bethlehem unter der Anleitung eines Reiseführers zu unternehmen, sollte versuchen, an einen palästinensischen Cicerone zu gelangen. Denn die meisten der professionellen Tourist-Guides sind Israelis, und die können eben doch nur ein vornehmlich aus jüdischer Sicht geprägtes Bild des palästinensischen Teils des Heiligen Landes vermitteln.

Bethlehem präsentiert sich heute seinen Besuchern als ein hübsches, orientalisch geprägtes Städtchen mit den entsprechenden arabischen Basaren und den Gebetsrufen des Muezzin. Die Stadt liegt 900 Meter über dem Meeresspiegel – und damit noch etwas höher als Jerusalem, die »Erhöhte« – und bietet einen malerischen Anblick. In der hügeligen Landschaft fallen die vielen Weingärten und fruchtbaren Felder auf, hier wachsen auch noch immer die uralten Oliven- und Feigenbäume. Es hat also schon seinen guten Grund, wenn man Bethlehem mit »Haus des Brotes« (hebräisch) oder »Haus des Fleisches« (arabisch) übersetzt und damit einen angemessenen Namen für diese freundliche Oase in der ansonsten ziemlich kargen Gebirgslandschaft Judäas gefunden hat.

Die Geburtskirche ist in Bethlehem das von Touristen fraglos begehrteste Reiseziel. Wie so viele berühmte und weniger bekannte Bauwerke im Heiligen Land kann auch dieses Gebäude auf eine höchst wechselvolle Geschichte zurückblicken. Im Jahre 326 nach Christi Geburt hatte Kaiser Konstantin der Große hier den Bau einer fünfschiffigen Basilika angeordnet, die zwei Jahrhunderte später beim Aufstand der Samariter niederbrannte. Kurze Zeit darauf ließ aber Kaiser Justinian I. sie wieder aufbauen.

Ein interessantes Faktum der Geschichte ist, daß 614 die Perser zwar das Heilige Land überfielen und sämtliche christlichen Gotteshäuser zerstörten, doch die Geburtskirche in Bethlehem unversehrt zurückließen. Dies soll den Heiligen Drei Königen aus dem Morgenlande zu verdanken sein, die auf einem Mosaik in der Basilika in persischer Tracht abgebildet waren und damit dem zügellosen Verwüsten der Christenfeinde Einhalt geboten haben sollen.

Die Außenseite der Geburtskirche vermittelt einen ernüchternden Eindruck, man meint, eher vor einer mittelalterlichen Festung zu stehen denn vor einer Kirche. Die Fassade und der Vorplatz sind heute von drei wuchtigen Klöstern umschlossen, die ursprünglichen drei Portale zugemauert. Daß man die Geburtskirche nur einzeln und auch noch in gebückter Haltung betreten kann – der einzig übriggebliebene Eingang ist 1,20 Meter hoch und weniger als einen Meter breit –, haben wir den Kreuzrittern zu verdanken. Sie verkleinerten das letzte Portal, um, wie es jedenfalls in der Legende heißt, den Sarazenen den Eintritt hoch zu Roß zu verwehren.

Wie auch bei der Grabeskirche in Jerusalem streiten sich ebenso in Bethlehem mehrere christliche Glaubensrichtungen um die Geburtskirche, ein Zwist, der zuweilen recht groteske Züge annimmt. So soll es vorgekommen sein, daß hier, am Geburtsort Jesu, im Winter Blecheimer in der Halle standen, um das durch das Dach tropfende Regenwasser aufzufangen, nur weil sich die christlichen Brüder nicht einigen konnten, wer für eine Reparatur zuständig sei.

Zudem haben die offenbar unüberbrückbaren Meinungsverschiedenheiten zwischen der römisch-katholischen, der armenischen und der griechisch-orthodoxen Kirchenfraktion unter anderem dazu geführt, daß sie Weihnachten an drei verschiedenen Tagen feiern. Die Katholiken und Protestanten gedenken der Geburt Christi bekanntlich in der Nacht vom 24. zum 25. Dezember, die Griechen folgen in der Nacht vom 6. zum 7. Januar, und die Armenier lassen sich damit bis zum 18. Januar Zeit.

Die Basilika, die die Form eines Kreuzes aufweist, ist 56 Meter lang und 26 Meter breit. Vier Säulenreihen aus dem für diese Gegend typischen rötlichen Kalkstein teilen das Innere der Geburtskirche in fünf Schiffe. An manchen Wänden kann man Fragmente von Fresken und Mosaiken entdecken, die noch vom Kirchenbau aus dem 4. Jahrhundert stammen sollen. Die Heiligenbilder an den Monolithsäulen sind allerdings im Laufe der Zeit fast vollständig verblaßt.

Zwei Eingänge an den Seiten des griechischen Chores führen hinab zur Geburtsgrotte. Rechts befindet sich der Altar der heiligen Krippe, und in der Mitte des Bodens fällt sofort der berühmte vierzehnzackige silberne Stern ins Auge. Was nur wenige wissen: Er ist eine Kopie; das Original, ein Geschenk des Sultans von Konstantinopel, wurde 1847 gestohlen.

Dieser »Stern von Bethlehem«, der geographisch exakt den Geburtsort Jesu markieren soll, trägt die lateinische Inschrift »Hic de Virgine Maria Jesus Christus natus est« (»Hier ist von der Jungfrau Maria Jesus Christus geboren«), und er ist tatsächlich »blankgeputzt vom Küssen«, wie Mark Twain spöttisch bemerkt.

Die Grotte war in der üblichen geschmacklosen Art aufgeputzt, die an allen heiligen Stätten Palästinas anzutreffen ist. Wie in der Grabeskirche waren auch hier Neid und mangelnde Nächstenliebe offensichtlich. Die Priester und die Angehörigen der griechisch- und der römisch-katholischen Kirche dürfen nicht durch denselben Gang eintreten, um an dem geheiligten Geburtsort des Erlösers zu knien, sondern sind gezwungen, durch verschiedene Gänge zu kommen und zu gehen, damit sie sich nicht auf dem heiligsten Boden der Erde streiten und raufen.

Ich habe keine »Betrachtungen« aufzuweisen, die durch diese Stätte angeregt worden wären, wo das allererste »Fröhliche Weihnachten« auf der Welt gesprochen wurde und von dem aus der Freund meiner Kindheit, Nikolaus, sich auf seine erste Reise machte, um immer und immer wieder an Wintermorgen Freude in die lärmenden Häuser in manch fernem Land zu tragen. Ich berühre mit ehrfürchtigem Finger die wirkliche Stelle, wo das Kind Jesus gelegen hat, aber ich denke – nichts.

Man *kann* an diesem Ort ebensowenig denken wie an jedem anderen in Palästina, der geeignet wäre, zur Nachdenklichkeit anzuregen. Bettler, Krüppel und Mönche umringen uns und lassen uns nur an Bakschische denken, wenn man lieber an etwas denken möchte, das mehr dem Charakter des Ortes entspricht.

Ich war froh wegzukommen.

Daß der Besuch der Geburtsgrotte auf einen Mann wie Mark Twain keinen sonderlichen Eindruck hinterlassen würde, konnte man sich denken. Erstaunlicher ist da schon, daß sein französischer Schriftstellerkollege Gustave Flaubert, den noch zuvor ganz Jerusalem samt Heiligtümer kalt gelassen hat, an der Geburtsstätte Jesu geradezu ins Schwärmen kommt: »Nichts könnte die mystische Anmut und den süßen Glanz links vom Krippeneingang übertreffen, das Auge verliert sich im Schein der Lampen...« Diesmal ohne Spott und Häme und ohne unflätige Bemerkungen findet Flaubert wohlwollende Worte für den heiligen Ort und beschreibt, wie schwer es ihm gefallen sei, sich von ihm loszureißen: »das ist schön, das ist wahrhaftig, ein Lied mystischer Wonne«.

Der Archäologe Carl Friedrichs kam 1868 nach Palästina, um als Direktor des Alten Museums in Berlin antike Gegenstände anzukaufen. In seinen Memoiren *Kunst und Leben* beschreibt der Wissenschaftler auch einen Besuch Bethlehems:

Alle Christenmenschen denken sich unwillkürlich Bethlehem als einen Ort voll Lieblichkeit, und in der Tat, der Ort hat etwas Liebliches, selbst in der Jahreszeit, in der ich ihn sah [November], an den Berg hingebaut, in einer an Oliven reichen Gegend. Jetzt mag die Stadt etwa 2500 Menschen zählen, unter denen, durch die vielen Pilger, doch auch etwas Industrie geweckt ist. Hier werden nämlich die Arbeiten in Olivenholz, Perlmutter und schwarzen Steinen vom Toten Meer fabriziert, von denen wohl jeder Jerusalempilger ein Andenken mit in die Heimat nimmt.
Zuerst ging es in die Geburtskirche, und hier ist der Eindruck ebenso schön und ernst, wie in der Grabeskirche bunt und unruhig. Man hat eben, wenigstens bis zum Querschiff, das Ganze gelassen wie es war, und wenn auch das Alter manches zerstört, so ist immer noch der Bau von der größten Wirkung. Es ist kein Kuppelbau wie die Grabeskirche, sondern ein Langbau, eine Basilika in den schönsten Verhältnissen, die mich lebhaft erinnerte an die Kirchen in Ravenna. Auch sind hier noch, wie in Ravenna, die Mosaiken über den Säulen des Mittelschiffs, freilich nur ganz trümmerhaft, erhalten, aber man erkennt doch noch, daß die sieben Gemeinden der Apokalypse, wahrscheinlich in der Erwartung des Jüngsten Gerichts, dargestellt waren.

Kommt man nun in das Querschiff, das durch eine Wand abgesperrt ist, dann fängt wieder der schreckliche Götzendienst der Griechen an, denn den Griechen gehört diese Kirche. Und der dauert nun fort bis in die angebliche Geburtshöhle, über welcher eben die Kaiserin Helena diese Kirche erbaute. Meine Stimmung da war dieselbe wie in der Grabeskirche, die griechischen Bilder und sonstigen Geschichten nahmen mir alle Stimmung, und außerdem das Herumkriechen und Tappen in mysteriösen Grüften machte keinen sonderlichen Eindruck auf mich. Wir haben noch viele Höhlen und Grüfte, durch Legenden geheiligt, durchwandern müssen, von denen ich, aufrichtig gesagt, die meisten schon wieder vergessen habe.

Von da ging's aber zu einem für mich anziehenden Bilde, zu einer Szene des Lebens, wir gingen nämlich zum Davidsbrunnen, der ganz Bethlehem mit seinem Wasser versorgt, und da standen nun die Frauen und Töchter von Bethlehem und ließen an langen Stricken ihre Krüge hinunter, um dann mit diesen ihre Ziegenschläuche zu füllen, in denen sie das Wasser in ihre Häuser tragen. Ich gestehe, bei diesem Bilde wurden die wunderbar herrlichen Brunnenszenen im Alten und Neuen Testament in mir lebendig, Rebekka und Elieser, Jacob und Rahel, und besonders Christus mit der Samariterin traten mir vor die Seele.

Die Frauen von Bethlehem stehen im Rufe ganz besonderer Schönheit, und auch ich habe ein paar, übrigens mehr in Jerusalem, von wirklich bedeutender Schönheit gesehen. Der Typus ist ganz so edel wie der altgriechische, aber der Ausdruck des Auges ist verschieden, ich glaube, tiefer und ernster. Aber das Leben dieser bethlehemitischen Frauen ist kein beneidenswertes, das mühsame Wassertragen ist eine ihrer

Hauptarbeiten. So war es unzweifelhaft auch in alter Zeit im ganzen Orient, wie man aus Sage und aus der Natur des Landes, wo die Quellen so spärlich und die Transportmittel so mangelhaft sind, abnehmen kann. Auch in Athen und Griechenland war es so, und es ist das ein Punkt, den man zum Verständnis vieler historischen und mythischen Situationen im Auge behalten muß.

In Felix Saltens schönem, leider in Vergessenheit geratenen Reisebericht *Neue Menschen auf alter Erde. Eine Palästinafahrt* gehört das folgenden stimmungsvolle Bild Bethlehems zu den eindruckvollsten Passagen des Buches:

Man muß in Palästina auf das Kleine, Unscheinbare achten. Die Vergangenheit spricht hier nicht in großartigen Tempelruinen wie in Ägypten, nicht aus den Trümmern marmorner Architekturen und vorbildlicher Kunstwerke wie in Griechenland oder Italien. Da steht eine alte Zisterne, und sie ist ein Brunnen, der in der Bibel genannt wird. Dort ein Steinhaufen, und die Überlieferung nennt ihn das Denkmal eines wunderbaren Ereignisses. Den ganzen Boden bedecken Erinnerungen über Erinnerungen. [...]
Nach Bethlehem saust man hinauf, und das ist, als produziere man sich in einer Arena. Die breite Kehre, die dem Berg umgelegt ist als ein Gürtel, läuft gerade, und darüber steht im Abstand die Stadt, mit ihren Häusern aufsteigend gleich den Galerien einer Arena, füllt den Spalt des Berges, und während man die Straße hinrollt, ist es, als ob die vielen Fenster Augen von Zuschauern wären. Dann wendet sich die Straße jählings bergwärts, und man wird von den engen Gassen Bethlehems umschlossen.

[...] In Bethlehem leben fast ausschließlich Christen. Sie haben sich diese Stadt errungen, in den Kreuzfahrerkriegen, in den Kämpfen gegen Hebron, in den Schlachten mit den Fellachen und Beduinen, und sie sitzen nun seit Jahrhunderten ungestört hier. Die Frauen tragen noch den Henning, den weißen, schräg nach rückwärts zugespitzten Kopfputz des Mittelalters. Nirgendwo anders tragen Frauen diesen Kopfputz. Der sagt: ich bin aus Bethlehem. Er macht die Trägerinnen überall, wo man sie in Palästina trifft, als Bethlehemitinnen kenntlich. Sie bilden eine Aristokratie, diese Frauen von Bethlehem. Es sind kraftvolle, breite, oft ganz dicke Weiber, stolz in ihrer Haltung, streng in ihren Mienen. Oftmals auch schöne Weiber, und sie prangen fast alle in der Fülle der Gesundheit. Aber ein Marienantlitz habe ich nicht unter ihnen entdeckt.
Irgendeine Straßenwendung, ein Anblick, ein Steig zwischen Häusern, die behaglich sind, weht für Sekundendauer Erinnerung an tirolische Gebirgsstädtchen durch den Sinn. Etwa: Sterzing am Brenner. Dann aber sind weite Plätze da, flimmernd in weißen Steinquadern, und man ist wieder im Orient.

In der näheren Umgebung Bethlehems finden sich noch andere Sehenswürdigkeiten, die einen Besuch der »Weihnachtsstadt« empfehlenswert und damit auch einen längeren Aufenthalt als nur zwei, drei Stunden erforderlich machen. Zum Beispiel Rahels Grab, das man auf dem Wege von Jerusalem (rechte Straßenseite) kurz vor dem Ortseingang Bethlehems passiert.

Rahel war die Frau des Erzvaters Jakob und Mutter von Benjamin und Joseph. Teile des Grabes stammen aus den beiden ersten nachchristlichen Jahrhunderten, Mitte des 19. Jahrhunderts hat der englische Philanthrop und Millionär

Sir Moses Montefiore Arkaden um die Begräbnisstätte errichten lassen.

Für die Juden zählt dieser Ort zu ihren wichtigsten Heiligtümern, er ist aber natürlich auch für Gläubige der beiden anderen adamitischen Religionen von Bedeutung. So kommen viele moslemische Frauen zum Gebet hierher, die darauf hoffen, von ihrer Kinderlosigkeit befreit zu werden.

Schalom Ben-Chorin hat, wie er in seinen Memoiren *Ich lebe in Jerusalem* schreibt, Weihnachten gleich mehrere Male in Bethlehem erlebt und dabei auch an Rahels Grab haltgemacht:

Zum ersten Male fuhr ich in der Weihnachtszeit 1935, im Jahre meiner Einwanderung nach Jerusalem, vom Jaffator aus in einem klapprigen arabischen Autobus nach Bethlehem. Am Jaffator war nichts von Feststimmung zu bemerken. Arabische Arbeiter verluden Blumenkohl auf Lastwagen. In den Cafés hockten Müßiggänger bei der Wasserpfeife wie an jedem Abend. Nur auf der Straße nach Bethlehem begegneten uns kleine Gruppen von Mönchen und Nonnen, die die kurze Strecke zu Fuß zurücklegten, um sozusagen als Pilger in die Stadt Davids einzuziehen.
Schon damals wurde mir klar, daß eine Fahrt in die Weihnachtsstadt eine Fahrt zu den Müttern bedeutet. Ehe man zu Mutter Mirjam kommt, zu Maria, die in Bethlehem in dieser Nacht ihren ersten Sohn gebar, ihn in Windeln wickelte und in eine Krippe legte, ›denn sie hatten sonst keinen Raum in der Herberge‹, muß man einer anderen Mutter gedenken, der Mutter Rahel, an deren Grab die Straße nach Bethlehem vorüberführt: ›Also starb Rahel und ward begraben an dem Wege gen Ephrath, das nun heißt Bethlehem. Und Jakob richtete ein

Mal auf ihrem Grab; dasselbe ist das Grabmal Rahels bis auf diesen Tag.‹ (1. Mose 35, 19-20)
Da steht es nun, das Grab Rahels, bis auf diesen Tag, ebenfalls angezweifelt von der Bibelkritik, da es andere Stellen im Alten Testament gibt, die auf eine andere Lokalisierung dieses Grabes hinweisen.

Es gilt heute als erwiesen, daß Rahel zwar auf ihrem Weg nach Bethlehem starb, aber in der Nähe von Rama und somit nördlich von Jerusalem. Doch bereits zu biblischen Zeiten hatte die Überlieferung das Grab von Jakobs Frau auf die südliche Straße in Richtung Hebron verlegt.

Noch ein anderer Ort in der Nähe Bethlehems, Tekoa, sei hier genannt. In dem Buch *Im Lande Israel* hat der israelische Schriftsteller Amos Oz das Resümee einer ausgedehnten Reise Anfang der achtziger Jahre durch seine Heimat veröffentlicht. Diese Aufzeichnungen sieht der Autor nicht als ein »repräsentatives Bild« oder einen »typischen Querschnitt« der gegenwärtigen israelischen Gesellschaft, sondern lediglich als »Bruchteil aus dem Ganzen«. Jeder der von ihm besuchten Orte sei einzigartig, und dieses jeweils Besondere habe er in seinen Reise-Impressionen einzufangen versucht. Unter der Überschrift »Gottes Finger?« gelang Amos Oz dabei die bemerkenswerte Momentaufnahme einer kleinen jüdischen Siedlergemeinde bei Tekoa. Das folgende Zitat, das dieses Kapitel beschließt, soll das Selbstverständnis jener Juden erklären, die in den besetzten Gebieten um jeden Preis das »ihnen von Gott geschenkte Land« verteidigen. Denn »tief in ihrem Innern wissen doch alle Moslems ganz genau, daß dies unser Land ist«:

Quadernhäuser findet man in der Siedlungsgemeinschaft Tekoa nicht, dagegen Reihen von Fertighäusern der Sochnut, die einen felsigen Hügel bedecken. Auf einem benachbarten Hügel werden fünfzehn Villen mit ziegelähnlichen roten Asbestdächern gebaut. Auch die Villen werden mit Fertigteilen erbaut. Und ringsumher das Licht der Wüste, durchsichtig und hoch über dürren, felsigen Hügeln. In der Ferne ist die Kammlinie des Berges Moab zu sehen. Die Erde ist öde und wüst. Auch der letzte Flecken Grün ist in diesen Herbsttagen von den Bergen verschwunden. Vorläufig herrscht hier die Stille, sei es die vor dem Erdbeben oder danach.

Und in dieses Reich der Stille wurde von der Armee 1970 ein bewaffnetes Dorf gestellt: Holzhütten und Zelte, Baracken, ein Stacheldrahtzaun, ein mit Kies bedeckter Appellplatz und eine Fahne am hohen Mast. Die Zelte sind verschwunden. Die Pflanzen sind in die Höhe gewachsen. Alles andere – anscheinend ohne große Veränderung. Das Dorf der Armee wurde 1977 zu einer Zivilortschaft, zu einer Siedlungsgemeinschaft, gegründet von der »Amana«-Bewegung, dem siedelnden Arm von Gush Emunim.

Die Bauweise mit Fertigteilen beleidigt die Steine des Ortes, die man verwarf, und verleiht der Siedlung einen israelischen Charakter, typisch für die Ebene: die übliche Mischung aus nacktem oder verputztem Beton, Aluminium, Glas und Plastik. Wie in den Vororten von Haifa oder Tel Aviv. Die Felsen, die Wüste und die arabischen Steindörfer betonen das Fremdartige dieser Bauweise. Auch die Bewohner sind von weither gekommen. Nur wenige sind hier im Lande geboren, viele kommen aus Rußland, Amerika, Argentinien, Frankreich und England. Die Familien, die in Tekoa wohnen, sind zur Hälfte Mitgliedsfamilien und zur Hälfte Anwärterfamilien. Wegen der ganzen unterschiedlichen Herkunftsländer und wegen des einzigartigen Versuches von religiösen Siedlern und Nicht-Religiösen, ein gemeinsames Leben zu führen, bezeichnen die Leute von Tekoa ihre Siedlung als »Schmelztiegel«. In der neuen Ortschaft, die auf einem benachbarten Hügel entsteht, wird eine Umgehungsstraße den Nicht-Religiösen ermöglichen, am Schabat Auto zu fahren, ohne zwischen die Villen zu geraten. Wie auch immer, in der Synagoge »kann man nur mit Mühe wochentags für das Gebet zehn Männer zusammenbringen«.

→ «Masada wird nie wieder fallen!»
DAS TOTE MEER, MASADA

Das Tote Meer, zu dem wir nun einen Abstecher unternehmen wollen, ist Schauplatz einer alttestamentarischen Horrorgeschichte. Die Bewohner von Sodom und Gomorra, zweier reicher, blühender Städte im Tal Siddim am südlichen Ufer des Meeres, sollen, so berichtet die Bibel, ein Leben voller Laster geführt haben, das dem Weltenlenker sehr mißfiel: »Da ließ der Herr Schwefel und Feuer regnen von dem Herrn vom Himmel herab auf Sodom und Gomorra. Und kehrte die Städte um und die ganze Gegend und alle Einwohner der Städte, und was auf dem Lande gewachsen war.« (1. Mose 19).

Diese Bibelstelle will nun gar nicht zu der landläufigen Vorstellung von einem unendlich gütigen, die Menschen bedingungslos liebenden Gott passen. Felix Salten »schämte sich dieses Ausbruchs von Jähzorn« und schreibt, daß er es darum vorzog, hier, an der – vermuteten – historischen Stelle von Sodom und Gomorra, lieber den Opfern jenes »göttlichen Amoklaufs« zu gedenken.

»Unsere Vorstellungen vom Toten Meer«, gibt Ferdinand Gregorovius zu bedenken, »sind ganz irrig. Wenn Gott in seinem Zorn die blühenden Täler, durch welche einst der Jordan zwischen Palmenhainen herabströmte, vernichtet hat, so war noch sein Fluch schöpferisch, da er an ihre Stelle eins der wunder-

← Am Westufer des Toten Meeres ragt aus der Einsamkeit der judäischen Wüste die Felsenfestung Masada hervor, die König Herodes als Zufluchtsstelle diente.

barsten Gemälde der Erde gesetzt hat. Der furchtbare Salzsee strahlt in Irisfarben, wie nur ein Golf Siziliens, oder der Meerbusen von Korinth.«

Eine Exkursion dorthin gehört zweifellos zu den interessantesten Touren in Israel. Das ausgezeichnete System öffentlicher Verkehrsmittel macht es möglich, daß man von allen größeren Städten sehr gute Verbindungen zum Toten Meer und damit auch zur Festung Masada hat. Moderne, klimatisierte Busse erlauben ein unbeschwertes Reisen durch eine nur auf den ersten Blick leblose, unwirtliche Gegend.

Als Ida Pfeiffer das Heilige Land hoch zu Roß erkundete, war dies freilich noch ganz anders, auch daß sie sich als alleinreisende Frau zuallererst Sorge um ihre Sicherheit machte, leuchtet ein:

Die Reise zum Toten Meer und dem Jordan ist nicht in kleiner Gesellschaft zu wagen. Am besten und sichersten ist es, wenn man entweder in Jerusalem oder in Bethlehem einige Häuptlinge der Araber und Beduinen kommen läßt und mit ihnen einen Sicherheitsvertrag schließt. Man zahlt ihnen einen mäßigen Tribut und wird dann von ihnen selbst und ihren Verbündeten hin und her geleitet.

Früher galt das Tote Meer als ein mit einem Fluch belegtes Gewässer, um das abergläubische Menschen lieber einen Bogen machten. Der Dominikanermönch Felix Fabri mußte einige Überredungskunst aufbringen, um seine maurischen Führer und Diener zur Weiterreise zu bewegen. Doch am Ende erreichte auch er sein Ziel.

Es ist zwar hell, aber äußerst salzig und dickflüssig ... Daher kommt es, daß, wenn jemand etwas von diesem Wasser in den Mund nimmt, durch die übermäßige Salzigkeit sofort das Innere des Mundes zerfressen wird, als habe man sich kochendes Wasser eingeflößt; ich habe das erfahren. Darüber hinaus, weil das Wasser so dickflüssig und über alle Maßen salzig ist, spürt derjenige, der seine Hände hineinsteckt, Stiche an ihnen, als wären sie voller Flöhe und Schnaken, und muß sie reiben, wie wenn sie rauh wären, und muß das viele Stunden ertragen. Dieses Wasser läßt sich auch nicht einfach von den Händen abwischen, denn es ist, als ob man sie in Öl getaucht hätte.

Hermann Fürst von Pückler-Muskau gilt nicht nur als der bedeutendste deutsche Landschaftsbildner des 19. Jahrhunderts, auch in der literarischen Welt erregte er mit seinen teils anonym, teils unter Pseudonym erschienenen Reiseberichten großes Aufsehen. 1837 erreichte der Fürst das Tote Meer, wovon er uns in den *Orientalischen Reisen* schöne, an geistreichem Witz und ironischer Eleganz nicht armen Impressionen liefert.

Je mehr wir uns der imposanten Wassermasse näherten, desto eigentümlicher wurde der Anblick der Gegend. Das arabische jenseitige Gebirge, das von fern ganz ohne Gipfel und Spitzen so monoton erscheint, zeigte jetzt, so nahe vor uns, weit mannigfaltigere Linien von abwechselnden Tinten sich übereinander lagernd, bis es zuletzt am äußersten Südende des unermeßlichen Beckens, gleich einem bläulichen Duft, mit dem Horizont zusammenfloß. Viel seltsamer aber präsentierte sich das Berggewirr diesseits in ungewöhnlicher Gestaltung, fast ähnlich einigen Regionen auf des Professors Gruithuisen Mondkarte – nämlich mehr Tiefen als Höhen, ein weithingestrecktes Amphitheater, indem statt aufsteigender Gipfel im Gegenteil Trichter an Trichter gereiht sich einsenkten. Das Meer selbst hatte seine frühere dunkle Farbe ganz verloren und lag, schwer und unbeweglich wie geschmolzenes Metall, blitzend in der Sonne, ein unabsehbarer Spiegel, dem von Norden her, sich wie eine schwarze Schlange durch den Sand windend, der Jordan zukroch.

Dem Wasser des Jordans, der am Berg Hermon seinen Ursprung hat und hier in das Tote Meer mündet, wurden früher oft magische (Heil-)Kräfte zugeschrieben. So berichten viele Palästinareisende davon, daß sie es nicht versäumt hätten, sich ausreichend vom Jordan-Wasser in Flaschen abzufüllen.

Heutzutage hinterläßt dieser Fluß allerdings keinen allzu guten Eindruck. »Der Jordan ist wie die Spree bei Treptow«, spottete Alfred Kerr, »bloß gelber, trüber, schmaler.« Auch Mark Twain konnte sich über die tatsächlichen Ausmaße des Jordans ironische Bemerkungen nicht verkneifen. Viele Straßen in Amerika seien doch mindestens doppelt so breit wie dieser berühmte Fluß in Palästina, und an einer anderen Stelle in den *Arglosen im Ausland* schreibt Mark Twain, daß er als Kind in der Sonntagsschule immer den Eindruck gehabt habe, der Jordan sei mindestens »viertausend Meilen lang und fünfunddreißig Meilen breit«, doch in Wirklichkeit sei er nicht breiter als der Broadway in New York.

Fürst von Pückler-Muskau zeichnet dagegen das geradezu idyllische Bild einer blühenden Flußlandschaft:

Als wir am anderen Ufer angekommen waren und jetzt hart am Wasser weiterzogen, umsproßten uns unzählige Blumen, und wo nur irgend Erdreich sich über das Gestein gelagert, hatte der lange Regen der vergangenen Tage den zartesten grünen Rasen hervorgelockt. Auch weiß und blau blühende Büsche, meist Spiräenarten, waren häufig. Unabsehbare, weit mehr als mannshohe Schilfdickichte zogen sich, selten unterbrochen, am Ufer hin, und Myriaden von Staren schwebten in schwarzen Wolken mit einem schwirrenden Lärm darüber weg, der dem Rauschen des Sturmes in den Binsen glich. Zuweilen schritten Kraniche daneben gravitätisch einher, und wie uns die Führer berichteten, sollen die Schilfdickichte voll wilder Schweine sein, denen sich auch gelegentlich Hyänen und wilde Katzen beigesellen.

Auch Ferdinand Gregorovius hat während seines Jerusalem-Besuches einen Abstecher zum Toten Meer unternommen. In seiner *Reise nach Palästina im Jahre 1882* beschreibt er den beschwerlichen Ritt durch Einöden und an Nomadenlagern vorbei, sich dabei stets »mit dem fröhlichen Bewußtsein« tröstend, »bald in den Wogen des Toten Meeres zu baden«.

Ich sah glanzvollere Landschaftsgemälde, doch keins von so fremdartiger Schönheit. Sie ergreift wie der dunkelglühende, tief schwärmende Geist des Alten Testaments. Es ist in Wahrheit ein Hohes Lied der Natur. Staunen muß hier jeden fühlenden Menschen erfassen, und ehrfürchtige Scheu, als ob vor seinen Blicken plötzlich ein göttliches Geheimnis entschleiert ist. Die Linien und Formen der Gestade, majestätisch und voll düsterer Pracht, die finstere Bergwand Moabs, die Purpurflut des Meeres, die bleichen Wüsten und dieser flammende Himmel würden das Schauspiel zauberisch machen, auch ohne die Vorstellung von den Mythen der Urzeit, die den See von Sodom umschweben. Todesstille ruht auf ihm, öde Verlassenheit von Jahrtausenden. Hinter jenen Gebirgen liegt das rätselhafte Land Arabien.

Der Binnensee, der in der Heiligen Schrift nur als Salzmeer, Meer im Blachfeld oder Meer gegen Morgen auftaucht und erst seit dem zweiten nachchristlichen Jahrhundert Totes Meer genannt wird, trägt diesen Namen zu Recht. Denn der ungewöhnlich hohe Gehalt an verschiedenen Salzen und Mineralien – etwa 30 Prozent, also das Zehnfache von dem des Mittelmeeres – macht Leben unmöglich. Mit seinen fast 400 Metern unter dem Meeresspiegel ist es überdies die tiefste Stelle auf der Erdoberfläche.

Die außergewöhnlich hohe Salzkonzentration hat an vielen Stellen bizarrste Gebilde aus Salzkristallen hervorgebracht. Ein Bad ist hier ein besonders ungewöhnliches Erlebnis: Unterzutauchen ist so gut wie unmöglich, jeder kennt die Fotos von Badenden, die ganz ungezwungen, in eine Zeitung vertieft, auf dem Wasser liegen. »Es war ein spaßiges Bad. Wir konnten nicht sinken«, staunte Mark Twain und, nüchterner, Alfred Kerr: »Niemand und nichts kann plätschernd-rasch unter die Fläche des Rätsels dringen. Dieses Meer gibt es nur einmal.«

Als Hermann Fürst von Pückler-Muskau diesen Landstrich in der ersten Hälfte des 19. Jahrhunderts durchwanderte, muß es im Toten Meer allerdings noch Leben gegeben haben.

Daß im See Fische leben, hatten uns die Mönche von Saba bekräftigt, und daß es an Vegetation und Tieren nicht fehle, sahen wir selbst. Man darf also keck behaupten, daß das Tote Meer sich von anderen Salzseen in diesem Erdstrich nur durch seinen Gehalt an Asphalt und einen weit größeren Salzgehalt auszeichnet, seine Umgebung aber ganz denselben Charakter trägt, wie er in ganz Judäa der vorherrschende ist, nämlich steiniger Boden und lang vernachlässigte Kultur, dennoch aber voll Schmuck im Frühjahr, abgestorben und tot nur im Sommer. Am Westufer des Toten Meeres ragt aus der Einsamkeit der Judäischen Wüste die Felsenfestung Masada empor. Für König Herodes diente der Berg als Zufluchtsstelle für den Fall, daß ihn entweder die eigenen Untertanen stürzen oder einmal fremde Truppen das Land besetzten sollten. Der Historiker Flavius Josephus hat uns in seiner *Geschichte des Judäischen Krieges* eine treffliche Beschreibung der Burg geliefert.

Einen Felsen von bedeutendem Umfang und beträchtlicher Höhe umgeben auf allen Seiten unabsehbar tiefe, abschüssige und für Menschen wie Tiere unzugängliche Schluchten, und nur an zwei Stellen gestattet der Fels einen schwierigen Zugang von unten her. Der eine dieser Pfade kommt vom Asphaltsee im Osten, der andere, leichter zu begehende, vom Westen. Den ersteren nennt man wegen seiner Enge und vielfachen Windungen den Schlangenpfad. Er führt nämlich um die Vorsprünge des Abhangs, kehrt wiederholt gegen sich selbst zurück und streckt sich dann wieder in die Länge, so daß er sich nur langsam dem Ziele nähert. Beschreitet man diesen Weg, muß man sich abwechselnd mit jedem Fuß fest anstemmen, denn gleitet man aus, ist man unrettbar verloren, da zu beiden Seiten tiefe Abgründe gähnen, deren furchtbarer Anblick auch den Beherztesten zaghaft machen.

Masada ist ein Ort von eindrucksvoller, majestätischer Schönheit, »wo der Ernst aus allen Steinen sickert« (Shimon Peres), zugleich aber auch Schauplatz einer der dramatischsten und grausamsten Episoden der Geschichte. Vor fast 2000 Jahren beschloß auf diesem uneinnehmbaren Hochplateau eine kleine

Gruppe jüdischer Freiheitskämpfer, dem Römischen Reich zu trotzen. Flavius Silva, römischer Gouverneur der Provinz Neujudäa, belagerte im Jahre 70 n.Chr. Masada mit 15000 Mann. Nachdem sich jeder Sturmangriff als aussichtslos erwies, ließ Silva an der Westseite eine Rampe aufschütten. Millionen Tonnen von Sand und Geröll erlaubten es schließlich den Römern, ihre Kriegsmaschinen bis an die Mauern zu bewegen und diese letzte hebräische Festung in Brand zu schießen.

Masada war nicht mehr zu halten. Ihre Verteidiger beschlossen, lieber tot zu sein, als sich unter das Joch fremder Eroberer in die Sklaverei zu begeben. Die Männer schnitten ihren Frauen und Kindern die Kehle durch, dann losten sie untereinander zehn aus, die die anderen erschlugen. Dann bestimmte wieder das Los, wer als letzter sich das Leben zu nehmen hatte. Das Abschlachten muß Stunden gedauert haben, denn fast 1000 Menschen saßen auf Masada in der Falle.

Shimon Peres hat in der Geschichte Israels eine wichtige Rolle gespielt. Weggefährten wie politische Gegner werden kaum zögern, seine Arbeit für das Land als positiv zu bezeichnen. Aber Peres ist keiner der üblichen Politiker, die sich nur in nichtssagenden Worthülsen mitteilen können. In seinem originellen Buch *Zurück nach Israel*, das eine imaginäre Reise des Autors zusammen mit Theodor Herzl durch das moderne Israel dokumentiert, kann Peres auch mit literarischen Qualitäten überzeugen.

Nachdem er Herzl das Land gezeigt hat, will Peres – nach dem Besuch von Yad Vashem – auch Masada einen Besuch abstatten und damit demonstrieren, daß »diese beiden tragischen Stätten eine Vorstellung vom Zionismus und Israel versinnbildlichen, die heute zum Glück überholt ist«.

Hier, am westlichen Ufer des Toten Meeres, will der ehemalige Premierminister Herzl zeigen, daß die Israelis Jahrzehnte nach der Gründung ihres jüdischen Staates und mehr als ein Jahrhundert nach dem legendären Zionistischen Kongreß in Basel endlich und für immer den sogenannten »Masada-Komplex«, also die Furcht vor einem Untergang von *Eretz Israel*, überwunden haben. Dieser Komplex, schreibt Peres, habe anfangs das Leben mehrerer Generationen junger Israelis bestimmt, »die Angst vor einer endgültigen Katastrophe und Faszination eines Auszugs der Geschichte in Schönheit (in feindlicher Umgebung ehrenvoll zu sterben oder Selbstmord zu begehen, anstatt auf die nationale Unabhängigkeit zu verzichten)«.

Die Botschaft von Masada ist unmißverständlich. Wenn die Rekruten der israelischen Armee hier 440 Meter über dem Toten Meer unter sengender Hitze ihren Fahneneid leisten, schwören sie: »Masada wird nie wieder fallen!« Es darf nie wieder eine Zeit geben, in der sich Juden kampflos das Leben nehmen müssen, um dem Joch fremden Unterdrücker zu entrinnen.

→ »Hügel des Frühlings«
Tel Aviv, Jaffa

Jaffa war immer der Schrecken der Seefahrer und Jerusalempilger; sein Strand ist hafenlos, die Schiffe nahen sich ihm nur auf eine Viertelstunde und werfen dann die Anker aus. Zwischen flachen Klippen müssen die Barken hindurch; sie zerschellen, wenn die See unruhig ist. Weil man mir in Ägypten gesagt hatte, daß es immer ungewiß bleibt, ob die Dampfer Reisende bei Jaffa ans Land setzen können, und daß sie oftmals dort vorbeifahren, um erst in Haifa anzulegen, so war ich mit Zweifeln von Port-Said abgefahren; aber das Meer liegt sanft wie ein Teppich um die Küste Kanaans gebreitet.

Wie Ferdinand Gregorovius haben früher die meisten der Palästina-Besucher im Hafen von Jaffa ihren Fuß erstmals auf das Gelobte Land gesetzt. Dies war schon seit der Antike als riskantes Unterfangen bekannt. Nicht wenige, die die Reise bisher glücklich überstanden hatten, ertranken hier, so kurz vor ihrem Ziel. Theodor Herzl ließ darum in seinem utopischen Roman *Altneuland* Palästina-Reisende aus aller Welt mit der Eisenbahn im Heiligen Land ankommen. In seiner kühnen Vision eines modernen Judenstaates war der gefährliche Zwischenstopp in Jaffa längst abgeschafft worden.

Jaffa kann auf eine jahrtausendealte Geschichte zurückblicken. Mit Sicherheit zählt sie zu den ältesten Städten der Welt;

← Tel Aviv, die bunteste und lauteste Metropole im ganzen Nahen Osten, ist zur Metapher für das sekuläre Lebensgefühl in Israel geworden.

Plinius dem Älteren zufolge soll sie bereits vierzig Jahre nach der Sintflut gegründet worden sein. Auch in der Heiligen Schrift findet Jaffa Erwähnung. Die Bibel berichtet von dem Propheten Jona, den hier ein Wal verschlungen und erst drei Tage später wieder ausgespien hatte.

Bei Ferdinand Gregorovius heißt es weiter:

Jeder Europäer, welcher hier zuerst den Orient betritt, wird einen mächtigen Eindruck der morgenländischen Natur und ihres fremdartigen Menschenlebens empfangen. Es ist auch hier schon ein Rassengemisch von Türken, Arabern und Armeniern, von Juden, Kopten und Negern aus dem Sudan, während Europa durch die Klöster der Griechen und Lateiner vertreten wird. Karawanen beleben die Straßen der Stadt, und das Treiben auf dem zerlumpten Basar gewährt Unterhaltung genug. Ich bin aus Kairo gekommen, daher kein Fremdling mehr im Orient, und Jaffa ist nur durch sein Alter und seine Geschichte, nicht durch seine Monumente merkwürdig. Wenn diese Stadt im hebräischen Altertum die Schöne hieß, so könnte sie heute die Häßliche genannt werden. Die Häuserklumpen auf der Höhe mit ihren engen, schmutzigen Gassen sind wahrhaft abschreckend...

Ähnliches notierte Jakob Theodor Plitt Mitte des 19. Jahrhunderts, der sich von den »düsteren Straßen, dem unbequemen Gedränge der zerlumpten, unendlich unreinen Araber« abgestoßen fühlte. Doch wer die Stadt heute, über hundert Jahre später, besucht, erhält einen völlig anderen Eindruck: In Jaffa, das seit 1948 offiziell zu Tel Aviv gehört, hat sich vieles verändert, und trotzdem konnte es sich den Zauber einer arabischen Stadt bewahren.

Von Tel Avivs Stadtmitte bis nach Jaffa benötigt man zu Fuß etwa 45 Minuten. In den Abendstunden, nach Einbruch der Dunkelheit, kann ein solcher Spaziergang besonders reizvoll sein. Dann sieht man schon aus der Ferne die festlich beleuchtete Altstadt, die sich auf einem leichten Hügel oberhalb des Hafens erhebt. Die Häuser in den gepflasterten Gassen sind hervorragend restauriert; orientalische Basare, Cafés und Restaurants bieten viel Atmosphäre. Steigt man die Mifratz Shlomo Street immer weiter hinauf, kommt man an einen Aussichtspunkt, der einen wunderbaren Blick auf die Mittelmeerküste und die Skyline Tel Avivs freigibt.

Jaffa ist nicht nur für seine Live-Musikveranstaltungen berühmt, viele Künstler haben den Ort für sich entdeckt und sind bereit, die horrenden Mieten für Wohnung und Studio zu zahlen. So ist hier vor der Haustür Tel Avivs ein Künstlerviertel entstanden, ein »israelischer Montmartre«.

Ende des 19. Jahrhunderts flohen immer mehr jüdische Familien vor der damals erdrückende Enge der Altstadt von Jaffa und ließen sich außerhalb der Stadtmauern nieder. 1909 loste der spätere erste Bürgermeister von Tel Aviv, Meir Dizengoff, im Dünensand siebzig Parzellen aus: Der Grundstein für die erste jüdische Stadt der Neuzeit war gelegt. Fehlte nur noch ein angemessener Name. Da erinnerte man sich an Theodor Herzls zionistische Vision *Altneuland*, die in Palästina unter dem hebräischen Titel *Tel Aviv* erschienen war und übersetzt »Hügel des Frühlings« bedeutet.

Die Gründung Tel Avivs, der »einzigen Stadt der Welt, in der von hundert Einwohnern hundert Juden sind« (Albert Londres), wird in allen Israelreiseführern beschrieben, doch nie so eindrucksvoll, wie es S. J. Agnon in *Gestern, vorgestern* gelang. Der

Roman erschien 1946 in Tel Aviv und erzählt die Geschichte von Jizchak Kummer, der sich auf den weiten Weg von Galizien nach Jerusalem macht. Im Gelobten Land angekommen, bleibt Agnons Held zunächst in Jaffa hängen. Hier wird er Zeuge eines Wunders; aus dem Nichts entsteht die erste moderne jüdische Stadt:

Es war anfangs die Absicht gewesen, eine Sommerfrische anzulegen; Häuschen, in denen man sich von den Mühen des Tages ausruht, wo Frau und Söhne und Töchter sich in der frischen Luft aufhalten ohne Furcht vor Trachom und anderen im Lande verbreiteten Krankheiten, mit denen das Land von den Zeiten an, wo wir aus ihm vertrieben wurden, seine Bewohner überfällt, und mit denen die Kinder sich bei den arabischen Nachbarn anstecken. Geld zum Kauf von Land und zum Bau von Häusern besaß man keines; vom Ausland hatte man es nicht mitgebracht, und der Verdienst im Lande reichte knapp zum täglichen Leben. Jedoch Wille und Wunsch des Herzens wurden immer stärker; von einer Sache, auf die man einmal sein Augenmerk gerichtet hatte, ließ man so leicht nicht wieder ab. Inzwischen hatte man sich schon entschlossen, ein permanentes Wohnviertel, einen festen Sitz für alle Jahreszeiten, Winter sowohl wie Sommer, anzulegen.
Etwa sechzig Leute hatten sich zur Gründung einer Gesellschaft zusammengefunden, die im Hinblick auf den Wunsch eines jeden, sich ein Haus in dem Lande, das unser Erbbesitz ist, zu bauen, den Namen ›Gesellschaft für Hausbesitz‹ erhielt. Manche wollten das Wohnviertel inmitten der Stadt entstehen sehen; sie hatten ihren Verdienst in der Stadt, und wenn ihre Häuser entfernt von dort wären, würde die Folge davon sein, daß sie auf dem Wege in der heißen Zeit unter der Hitze, in

der Regenzeit unter dem Regen zu leiden hätten; sie würden sich auch vom gesellschaftlichen Leben entfernen, denn das ganze öffentliche Leben spielte sich in der Stadt ab. Zu alledem war ein Wohnsitz außerhalb der Stadt zu weit von den Konsuln entfernt, und darin lag eine gewisse Gefahr. Andere sagten: »Nicht doch! Im Gegenteil, bauen wir uns ein besonderes Viertel außerhalb der Stadt, mit hübschen Häusern; an jedem Haus legen wir einen kleinen Garten und legen gerade breite Straßen an; verleihen wir dem Ort unseren eigenen, einen jüdischen Charakter! Kommt es im Lauf der Zeit dazu, so erreichen wir eine gewisse Selbständigkeit; dies nur möglich sein, wenn wir von der Stadt Jaffa entfernt liegen.«
Es wurde Gelände gekauft, das teils aus Sandhügeln, teils aus Talboden und Flachland bestand. Man nahm Arbeiter, den Boden zu ebnen und zum Bau von Häusern vorzubereiten. Unsere Genossen machten sich daran, die Hügel abzutragen und den Sand in den Tälern aufzuschütten, brachten Steine vom Meeresufer, die sie im Sande festlegten, glichen Mulden aus. Kamele und Esel führten Sand, Schubkarren rollten hin und her, Hämmer klopften, eine Steinwalze zermalmte Steine; unsere Genossen streuten Schotter zwischen Steine und machten aus Hügeln und Tälern ebenen Boden. Da stehen unsere Genossen tief im Sand, ein Wald von breiten Hüten weht in der Luft, ein Aufseher in hohen Stiefeln, die ihm bis über die Knie reichen, läuft von einem Platz zum anderen, besieht sich's hier, besieht sich's dort, läßt hier ein Wort fallen, dort ein halbes Wort, die Arbeiter eilen sich und laufen flink, anders als Araber, die angetrieben werden müssen. Unsere Genossen unterbrechen sich bei der Arbeit nur, um zu trinken und sich den Schweiß zu wischen, und manchmal, wenn es anfängt zu dunkeln, fragt einer den anderen nach der Zeit. Vom Stein-

bruch, aus dem Steine zum Bau gebracht werden, dringen der Schall von Sprengungen und der Geruch von Pulver her; dies ist kein Kriegslärm, es riecht nicht nach Krieg, sondern es ist der Lärm beim Bau, es riecht nach Siedlungswerk. Schon taucht aus dem Sand eine Art Straße auf, die dem Fuß eines Menschen, der darauf steht, festen Halt bietet; Männer, Frauen und Kinder kommen aus Jaffa, um ihren Tritt auf der Straße zu probieren, und denk nur, welch ein Wunder: die Straße sinkt nicht ein, und der Fuß geht nicht im Sande unter!

In seinem Roman *Diebe in der Nacht*, der wenige Jahre vor der Proklamation von Eretz Israel spielt, schildert Arthur Koestler die entscheidende Etappe im Kampf der Juden um einen eigenen Staat. In einer Rückblende evoziert der Autor die Zeit kurz nach der Gründung Tel Avivs. Die Stadt hatte sich rasant entlang der Mittelmeerküste ausgebreitet. Mit jeder Einwanderungswelle trafen neue Menschen ein, was mit einer »Inlandflut von Asphalt und Beton, die über die Dünen vorrückte« einherging. Die Neuankömmlinge hatten ihre sämtlichen Ersparnisse mitgebracht, die sie nun im Bau eines eigenen Heimes materialisiert zu sehen wünschten. Diese »zu Stein gewordenen Tagträume« ließen den »Hügel des Frühlings« wachsen:

Die erste hebräische Stadt war eine Pionierstadt, beherrscht von jungen Arbeitern beiderlei Geschlechts zwischen fünfzehn und neunundzwanzig. Ihnen gehörten die Straßen; khakifarbene Hemden, kurze Hosen und dunkle Sonnenbrillen waren die modische Tracht, und Krawatten, die den Spitznamen »Heringe« führten, eine Seltenheit. Abends, wenn der kühle Wind vom Meer her das weiße, blendende Tageslicht ablöste, schritten sie Arm in Arm über den weichen Asphalt der neuen breiten Straßen, durch deren Spalte der gelbe Sand durchsickerte, und die unvermittelt in den Dünen endeten. Nachts errichteten sie Freudenfeuer und tanzten die Horra am Strand, und mindestens einmal die Woche zerrten sie den ehrwürdigen Bürgermeister Dizengoff oder den alten Oberrabbiner Hertz aus den Betten und nahmen sie mit sich zum Meer hinunter, damit sie mit ihnen tanzten. Sie arbeiteten schwer, waren sentimental und lustig. Sie wurden getrieben von einer Begeisterungsflut, die Wellenberge, aber keine Wellentäler hatte. Sie waren nur an einem Punkt empfänglich: das war die hebräische Sprache. Sie kämpften eine heftige und siegreiche Schlacht gegen den öffentlichen Gebrauch jedes anderen Idioms; das Schlagwort »Hebräer, sprich hebräisch« war überall angebracht – in Autobussen, Geschäften, Restaurants, auf Plakatwänden; aus dem Ausland kommende Redner, die versuchten, eine Versammlung auf Polnisch, Deutsch oder Jiddisch anzusprechen, wurden niedergebrüllt oder verprügelt.

Jeder Reiseführer räumt, wenn es um Tel Aviv geht, sofort ein: Über diese Stadt am Mittelmeer gehen die Urteile, der Besucher wie der Einheimischen, weit auseinander. Die einen meinen, Tel Aviv sei häßlich, hektisch und laut, ohne Charme und Geschichte. Für die anderen spielen solche Äußerlichkeiten, selbst wenn sie zutreffen sollten, keine Rolle. Sie schätzen – und lieben – Tel Aviv als einen modernen, demokratisch-toleranten Gegenentwurf zum religiös geprägten Jerusalem. Tel Aviv läßt sich als eine vitale Demonstration für das Diesseits auffassen, eine Stadt, die das Motto »Leben und leben lassen« in ihrem Wappen tragen könnte.

In Tel Aviv schlagen die Uhren anders. In der »Stadt, die niemals schläft«, kennt man keine Sperrstunde; viele Supermärkte,

Cafés und Restaurants haben rund um die Uhr geöffnet. Wenn sich Jerusalem vor Sabbatbeginn am Freitagnachmittag zur Ruhe begibt, beginnt Tel Aviv erst richtig aufzublühen. Am Strand geht es dann so bunt zu wie an der Copacabana. Trendige Bars und Diskotheken können vielleicht nicht in ihrer Anzahl, aber auf jeden Fall in der Qualität mit den New Yorker Szene-Hits mithalten.

Die Shenkin Street, Hort der kulturellen Avantgarde, ist mittlerweile vom Insider-Tip zum weltweit bekannten Inbegriff der Bohème avanciert. Vor allem an den Freitagen verwandelt sich diese Flaniermeile zum Treffpunkt der Ausgeflippten und Unangepaßten. Um die Bedürfnisse der »Zfonis«, wie man die Yuppies auf hebräisch nennt, zu befriedigen, sprießen hier allenthalben neue Bars und Clubs wie Pilze aus dem Boden. Dieses israelische Greenwich Village steht als Metapher für die liberale, weltoffene Bevölkerungshälfte in Israel. Hier wäre es beispielsweise undenkbar, Straßen in der Nähe von religiösen Einrichtungen am Sabbat zu sperren; die Ultrareligiösen in Jerusalem hatten das mit der Bar Ilan Street trotz heftiger Proteste durchsetzen können.

Die Kluft zwischen Tel Aviv und Jerusalem scheint in der Tat immer unüberbrückbarer zu werden. Amos Oz hat deshalb einmal den – durchaus ernstgemeinten – Vorschlag gemacht, das Land am besten zwischen den frommen und säkularen Juden zu teilen, denn Israel werde niemals, wie etwa die Vereinigten Staaten, ein Schmelztiegel werden.

Bei seinen Spaziergängen wird dem Tel-Aviv-Besucher schnell auffallen, daß diese Stadt ein wahres Kronjuwel der architektonischen Moderne ist. Das heißt nun nicht, daß sich hier etwa sonderlich viele nennenswerte Bauwerke von zeitgenössischen Stararchitekten finden. Die grandiose Cymbalista-Synagoge von

Mario Botta auf dem Universitätsgelände oder Zwi Heckers eigenwilliges Palmach-Museum, die Handvoll hypermoderne Wolkenkratzer und Shopping Malls sind da bloß Ausnahmen, die die Regel bestätigen.

Nein, hier ist von den zahllosen wunderbaren Gebäuden im Bauhausstil die Rede, die meist zwischen 1933 und 1948 entstanden sind. Diese Bauweise, auch als International Style bekannt, geht vor allem auf deutsche Emigranten zurück. Im Dritten Reich war für die avantgardistischen Architekten kein Platz mehr, Schüler des Dessauer Bauhauses kamen nach Palästina und wurden hier an der Mittelmeerküste mit offenen Armen empfangen.

Man hat, anders als bei so mancher versteckter Sehenswürdigkeit, in Tel Aviv überhaupt keine Mühe, sich von Beispielen dieser Stilrichtung ein Bild zu machen. Schließlich sind es weit mehr als 4000 Gebäude, die vom Bauhaus und von Le Corbusiers Ideen geprägt sind. Besonders viele finden Sie in der Nähe des Dizengoff-Platzes und entlang dem Rothschild Boulevard.

Bei der Gründung der Stadt spielten auch die utopischen Hoffnungen von einer »neuen Gesellschaft« eine Rolle, die sich nicht zuletzt im architektonischen Erscheinungsbild Tel Avivs widerspiegeln sollten. So baute man hier, buchstäblich auf Sand, eine Stadt, die in ihrer Straßenführung den Prinzipien der englischen Gartenstädte entsprach. Meist auf Säulen entstanden überwiegend drei-, viergeschossige Apartmenthäuser mit weißen Fassaden; die Vordächer, die sich teilweise um das ganze Haus ziehen, sollen Schatten spenden, und an ihrem Hauptcharakteristikum, den Rundungen von Gebäudeecken und Balkonen, läßt sich unübersehbar der Einfluß Erich Mendelsohns ablesen. Historische Photographien aus den vierziger und fünfziger Jahren zeigen eine »weiße Stadt«, wie Tel Aviv auch genannt wird, in der eine ungewöhnlich helle, luftige, lebensfreundliche Atmosphäre herrscht.

Doch leider ist auch die Stadt Tel Aviv mit ihrem Erbe bisher viel zu nachlässig umgegangen. Viele dieser einstmals so schönen Häuser präsentieren sich heute in einem erschreckend schlechten Zustand; es gibt, vor allem im Südteil der Stadt, Gegenden, die man abends besser nicht mehr betritt. Erst in den achtziger Jahren hat die Stadtverwaltung die Tradition der Moderne wiederentdeckt und erteilt seitdem nun nicht mehr so schnell und bereitwillig Abrißgenehmigungen. Einen Denkmalschutz, wie wir ihn kennen, gibt es in Israel nicht. All die Erfolge, dem Verfall wieder ein Haus abgerungen zu haben, beruhen deshalb auf dem Engagement einzelner Personen.

Einen Eindruck vom Tel Aviv abseits der mondänen Alleen und prunkvollen Magistralen erhält man in Jaakow Shabtais Roman *Vollendete Vergangenheit*. Der Held des Buches, der 42jährige Meir hat eben erfahren, daß er an einer gefährlichen Herzerkrankung leidet. Mit der Gewißheit, nicht mehr lange zu leben, beginnt er, Tel Aviv zu durchstreifen:

Beim Anblick der Straße, die jetzt in freitäglicher Traurigkeit auf einen Schlag bis zu den alten Sykomoren und noch weiter vor ihm lag, überwältigte ihn das Gefühl, mit dieser ziemlich miesen und gewöhnlichen Straße zu verschmelzen, so vertraut war ihm die provinzielle Abgerissenheit und Häßlichkeit hier, als liege ausgerechnet in dieser Straße mit ihren staubigen, geschmacklosen Läden, die fast alle schon geschlossen waren, in den alten, abgeblätterten Fassaden und deren entliehener, etwas lächerlichen und zusammen mit ihnen bröckelnden und zerfallenen Schönheit und ihren Menschen, unzähligen Handwerkern und Händlern in dauernder Sorge um die kleine

Werkstatt und das Geschäft, sie waren um diese Zeit fast alle schon gegangen und hatten ihre Straße bis zum Sonntag der Vergessenheit und Ödnis preisgegeben, als liege in all dem etwas von der Essenz, von der Seele dieser Stadt...

Saul Friedländer, 1932 in Prag geboren, mußte nach dem Einmarsch der deutschen Wehrmacht ins Sudetenland zunächst nach Frankreich emigrieren und wanderte 1948 nach Israel aus. In seinem Buch *Wenn die Erinnerung kommt* beschreibt der Historiker seinen ersten Besuch Tel Avivs und erwähnt hier ebenfalls die zerbröckelnden Fassaden und kitschigen Schaufensterauslagen. Doch finden sich in Friedländers Erinnerungsbuch auch Sätze wie diese: »Ich war stolz auf Tel Aviv, als hätte ich es selbst erbaut; ich lief, um die neuesten Bauwerke zu sehen, und begeisterte mich an dem kraftvoll pulsierenden Leben.«

Else Lasker-Schüler nennt in *Hebräerland* Tel Aviv die »unvergleichliche Meerstadt«, nach deren »ozeanischen hebräischen Herzschlag« sie sich in Jerusalem immer so sehr gesehnt habe. Voller Staunen läßt sie sich durch »Tel-Avivs Galastreet, die Avenue Rothschild« chauffieren, wundert sich über »diese Häuserallee im architektonischen Schleppkleid«. »Alle Tel-Aviver erkennen auf den ersten Blick die harmonischen, heiteren Jerusalemiter, und umgekehrt der Jerusalemiter den von der ruhelosen Meerstadt zur Erholung in die ruhende Heilige Stadt gereisten stürmischen Tel-Aviver.« Immer wieder sagt sie stolz von dieser Stadt: »In Tel-Aviv sind alle Menschen Juden.«

Die meisten deutschen Schriftsteller, die nach Hitlers Machtübernahme im kalifornischen Exil, ob für kurze oder längere Zeit, eine zweite Heimat fanden, haben Amerika nie zum Schauplatz ihrer dort geschaffenen Werke gewählt, mit wenigen Ausnahmen, etwa Franz Werfels *Stern der Ungeborenen* und Erich Maria Remarques letzter und auch schwächster Roman, *Schatten im Paradies*.

Dies trifft ebenso auf jene Emigranten zu, die Zuflucht im Gelobten Land gefunden hatten. Arnold Zweig kam als überzeugter Zionist nach Haifa, kehrte nach Kriegsende aber desillusioniert nach (Ost-)Berlin zurück. »Zionismus ist eine Krankheit, die nur in Israel geheilt werden kann«, hatte er einmal in einem Gespräch mit Schalom Ben-Chorin bitter bemerkt. Zweig griff zwar in seinem Henker-Roman *Das Beil von Wandsbeck* ein zeitgenössisches Thema auf – die nationalsozialistische Gewaltherrschaft in Deutschland –, beschränkte sich in Palästina aber ansonsten auf kleinere philosophische, politische und essayistische Arbeiten. Seinen einzigen Palästina-Roman, *De Vriendt kehrt heim*, hatte er schon 1932, nach einem Besuch des Heiligen Landes, veröffentlicht.

Leo Perutz, der in Tel Aviv lebte und während einer Europareise 1957 in Bad Ischl starb, flüchtete sich ins alte Prag. *Nachts unter der steinernen Brücke* heißt eine Sammlung mit Erzählungen und Legenden aus der Goldenen Stadt. Perutz, der in den zwanziger Jahren zu den erfolgreichsten deutschsprachigen Schriftstellern zählte, gelang es erstaunlich schnell, sich in Palästina einzuleben. In seinen Briefen finden sich jedenfalls nicht die für Arnold Zweig so typischen Klagen über den damals niedrigen Standard in so vielen Bereichen des täglichen Lebens und der Kultur. »Wir sind hier im Lande sehr zufrieden und beinahe glücklich«, läßt er Richard Beer-Hofmann wissen. Ein guter Grund dafür mag sein plötzlicher und völlig unerwarteter Erfolg gewesen sein: »Gestern wachte ich auf und war in Tel Aviv berühmt.« Die größte Zeitung im Lande hatte begonnen, den Roman *Zwi-*

schen neun und neun ohne seine Erlaubnis abzudrucken. Die mit diesem Raubdruck verbundene Publicity brachte schnellen Ruhm, der sich jedoch wieder ebenso schnell verflüchtigte. Depressionen waren die Folge, von denen Perutz in seiner Korrespondenz mit den vielen über die ganze Welt verstreuten Freunden kein Hehl machte: »Mich wurmt es, daß ich hier in einem erbärmlichen, kleinbürgerlichen Behagen dahinlebe. Völlig nutzlos für diese Zeit und wahrscheinlich ebenso nutzlos für die Zeit nach dem Siege.«

Max Brod ließ seine in Tel Aviv geschriebenen Romane und Erzählungen ebenfalls in der Vergangenheit spielen, wie zum Beispiel in dem Buch *Armer Cicero* über die letzten Lebensjahre des römischen Politikers oder im Jesus-Roman *Der Meister*. Lediglich in *Unambo* hatte der Freund Kafkas versucht, sich mit Gegenwartsproblemen in Palästina auseinanderzusetzen. Ohne Erfolg, denn dieses Buch ist seit der Erstveröffentlichung im Jahre 1949 nie wieder aufgelegt worden.

Brod gründete in Tel Aviv einen Literaturkreis für deutschsprachige Exilschriftsteller, die regelmäßig in einem jener Apartmenthäuser im Bauhausstil in der Mapu Street zusammenkamen, um weiterhin in ihrer Muttersprache miteinander diskutieren zu können. Deutsch war damals, wie schon in dem Zitat aus Arthur Koestlers *Diebe in der Nacht* anklang, mehr als nur verpönt. Arnold Zweig hatte sich einmal bei einem auf Deutsch gehaltenen Vortrag in Tel Aviv plötzlich einer Schlägertruppe gegenübergesehen.

Diese Schriftsteller, deren Broterwerb ja ausschließlich vom Gebrauch ihrer Muttersprache abhing, sahen sich den gleichen Schwierigkeiten ausgesetzt wie ihre Schicksalsgefährten in den anderen Exilländern. Wer nicht umlernen konnte oder wollte – »man kann nicht von einer Sprache in die andere umsteigen wie von einem Zug in einen anderen« (Brod) –, hatte es schwer, in der neuen Heimat für seine literarischen Arbeiten Anerkennung zu erlangen.

Max Brod fand allerdings erstaunlich schnell Zugang zum Hebräischen. In seiner Autobiographie *Streitbares Leben* beschreibt der Schriftsteller, wie er zu Anfang Ansprachen in der fremden Sprache auswendig lernte und sich die Worte in lateinischen Buchstaben zur Sicherheit aufschrieb. Brods Erfolge wurden oft bewundert; ein einheimischer Journalist sagte einmal zu ihm: »Ich beglückwünsche Sie. Mit Ihrem Hebräisch geht es schon viel besser. Sie machen schon Fehler.«

Max Brod konnte sich in Israel nicht nur als respektierter Schriftsteller, sondern auch als Dramaturg des renommierten Tel Aviver »Habimah«-Theaters einen Namen machen. Dennoch quälten auch ihn die Ängste und Zweifel eines jeden Emigranten. So hatte Brod, nachdem der Selbstmord Stefan Zweigs 1941 im fernen brasilianischen Petropolis bekanntgeworden war, an Ben-Chorin geschrieben: »Meine Kraft ist fast auf den Nullpunkt gesunken.«

Seine Entscheidung für das Gelobte Land hatte er trotz Warnungen vieler Freunde jedoch nie bereut: »Leute mit intellektuellen Berufen, noch dazu solche, die ein gewisses Alter überschritten hätten (ich zählte bei der Einwanderung 55 Jahre), seien hier nicht gerade gesucht. Was man brauche, seien kräftige junge Menschen, Pioniere, Männer der Tat, Ingenieure, Traktoristen, Hühnerzüchter, Baumfäller, Hirten.«

→ »Das Tor zur Welt«
HAIFA, BERG KARMEL

Mühsam quält sich das Taxi auf der steilen Serpentinenstraße das Karmelgebirge hinauf. Es ist ein heißer israelischer Spätsommertag, den Weg säumen üppig blühende Hibiskussträucher, und vom nahen Mittelmeer weht ein salziger Hauch herüber. Hier oben, im etwa 300 Meter über dem Meeresspiegel gelegenen Central Carmel, Haifas schönstem und nobelstem Stadtteil, ist Abraham B. Jehoschua zu Hause. Mit seinen Romanen wie den weltweiten Bestsellern *Der Liebhaber*, *Die fünf Jahreszeiten des Molcho* und der viel gepriesenen Familiensaga *Die Manis* avancierte er zum wichtigsten Repräsentanten der neuen hebräischen Literatur. Die New York Times entdeckte in ihm den »israelischen Faulkner«; und die Fama gibt zu wissen vor, daß sein Name Jahr für Jahr bei der Kür des Literaturnobelpreisträgers zur engeren Wahl gehöre.

Jehoschua, der 1936 in Jerusalem geboren wurde, stammt aus einer alteingesessenen sephardischen Familie, die bereits zu Beginn des vergangenen Jahrhunderts ins Gelobte Land einwanderte. Seit 1972 lebt er zusammen mit seiner Frau, einer Psychoanalytikerin, in Haifa und lehrt an der hiesigen Universität Literatur.

In seinem eher spartanisch eingerichteten Arbeitszimmer ermöglichen zwei riesige Panoramafenster eine atemberaubende Aussicht auf die Altstadt, den Hafen Haifas und das im Sonnenlicht glitzernde Mittelmeer. Erstaunlicherweise entdeckt man hier, außer einer kleinen Handbibliothek, die offensichtlich nur die unentbehrlichsten Nachschlagewerke in Hebräisch und Eng-

lisch bereithält, für einen Schriftsteller nur wenige Bücher. Auf einem schlichten, altmodischen Stehpult künden verstreute Manuskriptseiten von unterbrochener Arbeit, doch den Erleichterungen des technischen Fortschritts scheint auch Jehoschua nicht abgeneigt zu sein, wie ein Computer in der Ecke verrät.

Jehoschuas Roman *Die Rückkehr aus Indien*, hatte 1996 zu großer Irritation im Lande geführt. Liebe, Todessehnsucht, die Anziehungskraft der indischen Mystik sind die zentralen Themen einer seltsamen Dreiecksgeschichte, die er vor dem Hintergrund exotischer Schauplätze erzählt und die den Leser in das vertrackte Leben und Leiden der Protagonisten verwickelt und nicht mehr losläßt. Wer Jehoschuas bisherige Werke kannte, mußte zur Kenntnis nehmen, daß der Autor hier, in seinem fünften Roman, erstmals auf die Gestaltung politischer Zustände im Lande Israel verzichtete. Mehrere inländische Rezensenten haben ihm das verübelt, obgleich das Buch bei den Lesern großen Anklang fand – mit 85000 verkauften Exemplaren steht man in dem kleinen Mittelmeerland auf der Bestsellerliste ganz oben. Ihm wurde der Rückzug ins Private vorgeworfen; ein einflußreicher Kritiker der liberalen Tageszeitung »Ha'aretz« nahm das Erscheinen des Buches zum Anlaß, die »alte Riege« renommierter israelischer Autoren wie Amos Oz, Aharon Appelfeld, David Grossmann und A. B. Jehoschua zu beschwören, doch bitteschön weiterhin bei den ernsthaften, für die Identitätsfindung der Juden wichtigen Themen zu bleiben und die – angeblich – »hedonistische Propaganda« getrost dem literarischen Nachwuchs zu überlassen.

← Der Bahai-Tempel, der mit seiner goldenen Kuppel am Hang des Karmel das gesamte Stadtbild Haifas beherrscht, darf als Motiv auf fast keiner Postkarte fehlen.

Jehoschua mag solche Einwände jedoch nicht gelten lassen. Für ihn sei es ganz normal, daß die Literatur sich anpassen, die gesellschaftlichen Veränderungen im Land reflektieren und somit auch zeigen müsse, daß Israel auf dem Weg zu einem ganz normalen Staat sei. Und überhaupt: Er sei der Politik müde geworden. Nach 30 Jahren Präsenz auf dem innenpolitischen Schlachtfeld hat sich der Friedensaktivist eine Pause verordnet und ist entschlossen, anstatt wieder und wieder die ideologisch gefärbten *heavy problems* zu behandeln, neue Wege zu gehen. Mit der *Rückkehr aus Indien*, einer wunderbaren Reise ins Mysterium der Liebe, ist ihm dies meisterhaft gelungen.

Auch bei seinem nächsten Werk, *Die Reise zum Jahr Tausend*, hat Jehoschua das Seil gekappt, das ihn an die Gegenwart bindet, und sich in die Tiefen der jüdischen Geschichte fallen lassen. Ben Atar, ein jüdischer Kaufmann aus Nordafrika, reist nach Frankreich und in die rheinischen Städte Worms, Mainz und Speyer in heikler Mission: Er soll dort mit den jüdischen Mystikern (nicht zuletzt in eigener Sache) über die den Juden verbotene Polygamie disputieren. Ein bemerkenswerter Roman, der seinen Schauplatz in der Welt mittelalterlicher Talmudgelehrter und rabbinischer Lehrhäuser hat und plastisch das Leben in den Diaspora-Gemeinden schildert. Das war die Zeit, die vom beginnenden Bruch zwischen askenasischen und sephardischen Juden geprägt war. Darüber hinaus interessiert Jehoschua hier ein weiteres Thema: das Verhältnis zwischen Orient und Okzident, das sich in der Gegenwart in den Spannungen zwischen Nord und Süd widerspiegelt, für ihn der »zentrale Konflikt des kommenden Jahrtausends«. Der Autor erweist sich auch diesmal wieder einmal als brillanter, sprachlich wie psychologisch gleichermaßen gewandter Erzähler. Man kann verstehen, warum die Amerikaner den Vergleich mit dem großen William Faulkner nicht scheuen.

Mag sich Jehoschua im Augenblick von der israelischen Gegenwart und ihren Problemen verabschiedet haben, in seinen früheren Werken stößt man auf viele Passagen, in denen das Leben in Israel durch die Kunst eines Meisters festgehalten wird. In dem Roman *Die fünf Jahreszeiten des Molcho*, der zu einem großen Teil in Haifa spielt, erzählt Jehoschua von Molcho, einem Witwer, der sieben Jahre lang seine krebskranke Frau gepflegt hat und nun erste amouröse Gehversuche nach einer langen Zeit der Enthaltsamkeit wagt. In dem folgenden Abschnitt begleiten wir Molcho, wie er eine neue Bekanntschaft zur berühmtesten Sehenswürdigkeit Haifas führt:

Statt zur Universität hinaufzufahren, führte er sie in spontaner Änderung seines Plans zum Bahai-Tempel hinunter, wo sie hinter einer Gruppe älterer Touristen aus Holland durch den gepflegten Garten spazierten, auf einem frisch gefegten, gepflasterten Pfad zwischen üppig blühenden Büschen hindurch, von Ordnern in Richtung auf die goldene Kuppel dirigiert. Wie schön und sauber, dachte Molcho bewundernd, wirklich wie im Ausland fühlt man sich hier. Seit dreißig Jahren wohne ich in Haifa, zweimal am Tag fahre ich hier auf der Straße vorbei, und doch bin ich noch nie drinnen gewesen, immer hab ich gesagt, das mach ich mal irgendwann. Am Tempeleingang wurden sie gebeten, die Schuhe auszuziehen, um dann nach kurzer Wartezeit mit den anderen Touristen in den nicht besonders großen, mit dicken Perserteppichen ausgelegten Raum einzutreten, dessen Wände Inschriften in persischer und englischer Sprache trugen, während hinter einer durchbrochenen Absperrung einige brennende Leuchter zwischen anmutigen Ziergegenständen flackerten. Molcho dachte, dies sei erst die Eingangshalle, von der aus man sie unter die

Kuppel selber führen werde, aber wie sie erfuhren, war die Besichtigung hiermit beendet, da der Kuppelraum nie betreten werde, auch nicht von den Bahais selber. Aber was ist denn dann darin? fragte er enttäuscht. Nichts. Nichts? wiederholte er ungläubig auflachend, als er sich die Schuhe wieder anzog, und nahm gern eine kleine Broschüre entgegen, die über die Bahais und ihren Glauben informierte.

Der Bahai-Schrein, der mit seiner goldenen Kuppel am Hang des Karmel das gesamte Stadtbild beherrscht, ist Haifas bekanntestes Wahrzeichen und darf, wie in Jerusalem der Felsendom, als Motiv auf fast keiner Postkarte fehlen. Der Tempel, erst 1953 vollendet, ist von den wunderschönen und sehr gepflegten Persischen Gärten umgeben. Im Inneren befindet sich das Grab des Begründers der Bahai-Religion, des Persers Mirsa Ali Mohammed. Daß der in seiner Heimat verfolgte Religionsstifter ausgerechnet Haifa für seine monotheistische Religion ausgewählt hatte, war zwar reiner Zufall, sollte sich aber als eine glückliche Entscheidung erweisen. Denn Haifa genießt den Ruf, die »Stadt der Toleranz« zu sein. Das äußert sich nicht nur in der für Israel höchst erstaunlichen Tatsache, daß hier die öffentlichen Busse die heilige Sabbatruhe stören dürfen – das wäre anderswo, sogar in Tel Aviv, schlicht undenkbar –, auch die unterschiedlichen Religionsgruppen, Juden, Moslems, Christen sowie die 3000 Bahai-Anhänger, kommen im Schatten des Karmelbergs auf wundersame Weise ohne Konflikte miteinander zurecht.

Der Bahai-Schrein ist natürlich nicht die einzige Sehenswürdigkeit, die Haifa zu bieten hat. An den Hängen des Karmel erwartet auch der Levi-Eshkol-Turm der weltbekannten Technion (Technische Universität) seine Besucher. Der von dem Vater der brasilianischen Hauptstadt Brasilia, Oscar Niemeyer, entworfene Aussichtsturm gewährt einen grandiosen Blick auf den gesamten Norden des Landes: Die Berge Galiläas sind aus solch luftiger Höhe ebenso zu sehen wie die Bucht von Akko; die Sicht reicht bis zur israelisch-libanesischen Grenze, bis zu den Golanhöhen und zum schneebedeckten Gipfel des Hermon. »Auch auf dem großen gepflasterten Platz vor dem turmartig aufragenden Hochhaus der Universität wehte kein Lüftchen und die Berge Galiläas ebenso wie die weite Landschaft zu ihren Füßen lagen noch immer in denselben bläulich-trüben Dunst gehüllt, den sie morgens schon von der Panorama-Straße gesehen hatten«, liest man in Jehoschuas *Die fünf Jahreszeiten des Molcho*. Diese Gegend, mit ihren fruchtbaren Feldern, den Obstplantagen und Weinbergen entlang der Mittelmeerküste mag manche ein wenig an die französische Riviera erinnern; andere, wie im folgenden Ausschnitt Felix Salten in seinem Reisebuch *Neue Menschen auf alter Erde*, vergleichen Haifa seines Hafens wegen gern mit Neapel:

Der Karmel ragt als ein Kap ins Meer. Gegen Süden deckt er Haifa, wie ein kolossaler Wandschirm, so daß man die Stadt nicht sehen kann. Wir fahren in der Ebene, immer näher und näher zur Küste. Chaim Mandelbaum vollführt in dieser Heide wahre Bravouren. Bald wird der Boden sumpfig, bald wieder sperren Gräben, quergezogen, das Terrain, bald wieder liegen Trümmer, Quader, rohe Steine massenhaft umher, durch die das Auto balancieren muß, in einer Art von Eiertanz.

Nach langer Fahrt sind wir endlich dicht am Meer. Über uns steilt die zerklüftete, höhlendurchwühlte Stirne des Karmel hoch empor. Die Straße wendet sich und da liegt die Bucht, da liegt die Stadt Haifa vor uns. Ein Anblick, fast so hinreißend wie der Anblick von Neapel. In das Grün der Berge geschmiegt, an den Rücken der Berge gelehnt, am Meeresstrand hingestreckt ... eine verführerische holde Wohnstätte, ein Aufenthalt, in dem man sein Zuhaus vergessen könnte, eine Szenerie, in der das Heimweh eingelullt wird und schweigt, eine Stadt, die zur Arbeit beschwingt und zum Genuß. Ganz offen, in jedem Moment überblickbar sind die Übergänge von der Geschlossenheit schmaler, ineinander geschachtelter Häusergassen zur freien Natur, zu den Gärten, Wiesen und Wäldern. Und faszinierend wie am Gestade von Neapel, wie in allen Hafenstädten, die an solch einem Golf liegen, die vor den Häusern aufgerollte unendliche Freiheit des Meeres, die von allen Fernen redet, in alle Fernen lockt. Weithin schimmert der Strand in der köstlichen Schwunglinie eines Halbkreises, der sorgsam abgezirkelt scheint, und das hell blinkende Geschmeide der Häusermassen wirkt wie ein lebendiger Schmuck in der lebendurchglühten Landschaft. Weit weg, am anderen Ende der Bai, jenseits des hellgrünen Wiesenstreifens, der die Stadt dort gürtet, blitzen und funkeln, hingesetzt wie ein Juwel zum Abschluß, die Mauern von Akko, der Festung, dicht über dem Wasser.

Zu den Sehenswürdigkeiten der Stadt wird man ebenfalls das prächtige Karmeliterkloster mit dem für Juden heiligsten Ort in Haifa, der Elias-Grotte, zählen wollen. Auf Ida Pfeiffer, die während ihrer ausgedehnten Orientreise 1842 auch an den Karmel gekommen war, machte dieses Kloster einen besonders tiefen Eindruck:

Der Berg Karmel liegt hart am Meer. Er ist nicht hoch, in einer guten halben Stunde erreicht man seinen Rücken, auf welchem ein schönes und großes Kloster steht. Wohl in ganz Syrien mag dieses das schönste sein, selbst die Klöster zu Jerusalem und Nazareth nicht ausgenommen. Eine Reihe von sechs oder sieben großen, herrlichen Zimmern mit Doppeltüren und großen, regelmäßigen Fenstern bildet die Hauptfront des Gebäudes. Diese Zimmer und noch mehrere in den Seitenflügeln sind zur Aufnahme der Reisenden bestimmt. Sie sind nach europäischer Art eingerichtet, mit sauberen Möbeln, wobei weder Kanapees noch gute Kommoden-Kästen fehlen. Ungefähr eine Stunde nach unserer Ankunft bewirteten uns die geistlichen Herren mit einem so köstlichen Mahl, wie mir seit dem Aufenthalt zu Konstantinopel nicht zuteil geworden war.

So mittelmäßig die Kost und so einfach die Zimmer und deren Einrichtung zu Jerusalem und Nazareth waren, so überaus schön und gut fanden wir hier alles. In einem eleganten Speisesaal stand ein großer Tisch mit feinem weißem Tischzeug belegt, geschliffene Gläser blinkten uns freundlich entgegen, reinliche Eßbestecke und Porzellanteller fehlten nirgends, ein europäisch gekleideter Diener trug die besten Fastengerichte (es war Freitag) auf, und ein artiger Geistlicher leistete uns Gesellschaft, aber nicht im Essen, denn das, dachte er mit Recht, würde eine so ausgehungerte Kompanie auch ohne seine Hilfe treffen.

Auf der ganzen syrischen Reise war dieses Kloster ein wahrer Glanzpunkt für Seele und Körper. Wie wohl würde es uns bekommen haben, wenn hier einige Tage Rast gemacht worden wäre. Allein die Herren hatten noch ein gar weites Ziel vor sich und da ging es nur immer fort und fort.

Nach dem Essen stiegen wir hinab an das Gestade und besuchten die große Grotte, die sogenannte Prophetenschule. Diese

Grotte gleicht wirklich einem hohen, sehr geräumigen Saal, wo eine Menge Zöglinge Raum fänden, sich die Lehren der Propheten anzueignen.
Die Grotte, in welcher der heilige Elias lebte, befindet sich oben auf dem Berg in der Kirche.

Auf den Berg selbst gelangt man übrigens sehr bequem mit einer Kabinenbahn, dem »Carmelit-Cable-Car«, oder man unternimmt diesen Weg zu Fuß, zum Beispiel auf dem Zionism Boulevard. Diese Straße wurde von den Deutschen Templern angelegt, um ihre beiden Kolonien am Fuße und am Gipfel des Karmel miteinander zu verbinden. Hier, wie auf der Ben Gurion Street, der einstigen Hauptstraße der Templer, lohnt es sich, einen genaueren Blick auf die Häuser zu werfen. Ein Spaziergang durch die 1868 gegründete German Colony mag dabei den deutschen Besucher wegen der vielen Gebäuden mit ihren roten Ziegeldächern im Biedermeierstil eher an ein Städtchen in Thüringen erinnern.

In dem Erinnerungsbuch *Reisen nach Jerusalem* läßt Hans Mayer seine vier Israelreisen zwischen 1968 und 1995 noch einmal Revue passieren. Mayer kann auf eine turbulente Vita zurückblicken. 1907 geboren, entschloß er sich, 1935 Deutschland zu verlassen und erst nach Frankreich, später in die Schweiz zu emigrieren. Nach dem Untergang des Dritten Reiches lehrte er Literaturwissenschaft in Leipzig. Als er bei den SED-Ideologen endgültig in Ungnade gefallen war, folgte er 1965 dem Ruf an die Technische Universität Hannover.

Sein erster Besuch des Heiligen Landes im Oktober 1968 stand unter keinem guten Stern. Der Börsenverein des Deutschen Buchhandels hatte eine Ausstellung vorbereitet, die nacheinander in Jerusalem, Tel Aviv und Haifa gezeigt werden sollte.

Walter Jens, Martin Walser und Hans Mayer sollten dazu in Vorträgen dem israelischen Publikum den Zustand der deutschen Nachkriegsliteratur erläutern.

Der Große Saal der Loge Bne Brith in Tel Aviv war ausverkauft, Mayer wurde von Salman Schocken, dem Herausgeber der berühmt gewordenen sechsbändigen Kafka-Werkausgabe und großzügigen Gönner von Else Lasker-Schüler, herzlich begrüßt. Doch gleich am nächsten Morgen mußte sich Mayer bei einer Pressekonferenz unangenehme Fragen israelischer Medienvertreter gefallen lassen. Warum er denn, als von den Nationalsozialisten verfolgter Jude, sofort nach Kriegsende in das »Land der Richter und Henker« zurückgekehrt sei. Und warum er nun, so spät erst, ins Land seiner Väter komme, und zwar als ein Gesandter eines (west)deutschen Staates, der in seinen Anfängen nicht nur alte Nazis benutzt und geschützt, sondern auch Leute wie Oberländer und Globke in hohe Ämter gehoben habe. Mayer, der darüber in dem Kapitel »Besuch eines Renegaten« schreibt, verzichtete in seinen Repliken darauf, sich zu verteidigen, und nannte »seine Lebensentscheidungen höchst persönliche Dezisionen«, die weder »tadelnswert seien noch nachahmenswert, Entscheidungen eines deutschen Schriftstellers und Literaturwissenschaftlers«. Überzeugen konnte er mit diesen Argumenten damals allerdings niemanden.

Mayer also hatte in Israel gleich von Anfang an eine schlechte Presse. Das hatte Folgen. Bei seinem Brecht-Vortrag in Jerusalem einen Tag später erwartete ihn ein gähnend leerer Saal, um dort »seine Redeleistung abzuliefern«.

Ganz anders entwickelte sich dagegen sein Besuch in Haifa:

Nun war ich auf dem weltberühmten Berg Karmel. Ich sprach in der Universität, fand diesmal ein zahlreiches und freundliches Auditorium. Hier nämlich gaben, damals wenigstens noch, die »Jeckes« den Ton an, also die Emigranten aus Österreich-Ungarn und aus Deutschland. In Tel Aviv und Jerusalem hatten sich die deutschen Emigranten, mit denen ich sprach, lustig gemacht, etwas gequält freilich, über die Jeckes von Haifa. Deren häufigste Redensart laute nämlich »Bei uns zu Hause ...«. Es gab seit nunmehr zwanzig Jahren den Staat Israel. Allein die Jeckes auf dem Berg Karmel lebten nach wie vor in einem traumreichen Zwischenreich aus Abendland und Morgenland. Plötzlich begriff ich, daß Arnold Zweig, der hier gelebt hatte und dessen Briefe an Sigmund Freud hier geschrieben wurden, genau in jener Woche nach Europa zurückkehrte, als der Staat Israel gegründet und proklamiert wurde.

Wer einen Blick in den von Hans Mayer erwähnten Briefwechsel zwischen Arnold Zweig und Sigmund Freud wirft, merkt schnell, warum dieser deutsche Emigrant, allerdings erst ein paar Monate nach der israelischen Staatsgründung, dem Gelobten Land so schnell wieder den Rücken gekehrt hat:

Sie werden finden, lieber Vater Freud, daß ich zu viele Zeilen über die Zentralheizung ergieße. Aber diese Fragen des praktischen Lebens, das nur knirschende Funktionieren des Zivilisationsapparates, ist das Hauptproblem in diesem Lande. Wir sind nicht bereit, unseren Standard aufzugeben, und das Land ist nicht bereit, ihn zu befriedigen. Und da nun die Juden von Palästina mit Recht stolz sind auf das, was schon ist, und wir zu Recht verärgert von allem, was noch fehlt, gibt es viele stille Reibung.

Die »stille Reibung«, das war ein ständiges Lamentieren über die Kluft zwischen dem, »was schon ist«, und dem, »was noch fehlt«, womit Zweig einen großen Teil seiner Korrespondenz zu bestreiten wußte. Mal funktionierte die Heizung nicht richtig, mal stank der Petroleumofen, dann drang einmal Regen durch das Dach ein, auch die Außenbeleuchtung war dem Exilanten nicht richtig hell genug. Selbst Zweigs Freund Lion Feuchtwanger in Kalifornien, der berühmt dafür war, als erfolgreicher und wohlhabender Exilschriftsteller notleidenden Kollegen immer helfend zur Seite zu stehen, fand Zweigs Nörgeleien über mißliche Alltagsdinge enervierend: »Zweig schreibt aus Palästina lange und ziemlich melancholische Briefe.«

1995 wurde der israelische Ministerpräsident Itzhak Rabin von einem fanatisch-frommen Anhänger der Ultraorthodoxen ermordet. Dergleichen, hieß es nach dem Attentat sofort, habe es in der tausendjährigen Geschichte der jüdischen Diaspora noch nicht gegeben, das Unvorstellbare sei geschehen: daß Juden einander umbringen.

1924 jedoch wurde Jakob Israel de Haan, ein holländischer Schriftsteller und Journalist, der innerhalb der streng-religiösen Gemeinde Jerusalems extreme antizionistische Positionen vertrat und sich zudem für ein gleichberechtigtes Zusammenleben mit den Arabern einsetzte, von »Palmach«-Leuten in Jerusalem ermordet. Diesen Mord von Zionisten an einem erklärten Gegner des politischen Zionismus hatte man in Israel lange Zeit arabischen Terroristen in die Schuhe geschoben. Jeshajahu Leibowitz, einer der bedeutendsten Denker Israels und zugleich auch dessen scharfzüngigster Kritiker, wurde, als er dieses Attentat wahrheitsgemäß in die Hebräische Enzyklopädie aufnehmen wollte, sogar vom Verteidigungsministerium gedrängt, dies zu unterlassen.

Arnold Zweig erfuhr bei einem Besuch Haifas Mitte der zwanziger Jahre vom Fall »De Haan«. Fast acht Jahre beschäftigte ihn das Schicksal dieses »unglücklichen Dichters und unseligen Politikers«, es inspirierte ihn zu dem Roman *De Vriendt kehrt heim*, der ein Jahr vor Hitlers Machtantritt bei Kiepenheuer in Leipzig erscheinen konnte.

Zweig hatte in seinem historischen Roman zwar den Namen des Helden verändert, die Handlung in das Jahr 1929 verlegt und auch sonst einige der Spannung dienende Veränderungen vorgenommen, doch die Zionisten in Palästina erkannten sich hier als die Verantwortlichen wieder. Das gereichte Zweigs Reputation während seines Exils in Haifa freilich kaum zum Vorteil. Ebenfalls nicht sonderlich gut für sein Ansehen erwiesen sich die ihm nachgesagten Sympathien für die Politik Stalins. »Ich lebe wie der Prophet Elia auf dem Carmel«, schrieb er einmal an Schalom Ben-Chorin. »Ihn ernährten die Raben, mich ernähren die Russen.«

Im Roman *De Vriendt kehrt heim*, der die spannungsgeladene Atmosphäre in Palästina zur Zeit der britischen Mandatsverwaltung wiedergibt und dem Leser die unterschiedlichen, zum Teil verfeindeten Strömungen innerhalb der zionistischen Bewegung verständlich werden läßt, finden sich viele eindrucksvolle Passagen. Der folgende Ausschnitt zeigt Haifas Bedeutung als Hafenstadt, der auch erklärt, warum man die Stadt am Karmelberg Israels »Tor zur Welt« nennt. Hier betraten, wie von Arnold Zweig beschrieben, die jüdischen Pioniere hoffnungsvoll das Land ihrer Väter, aber auch einige Jahrzehnte später vielen tausend von Menschen, die der Hölle der Konzentrationslager entrinnen konnten:

Wenn die Luft auf Haifa, den Hafen am Meere, schwer vor feuchter Hitze drückt, weht auf dem Karmel oben, zwischen halbwüchsigen Kiefern, oft erquicklicher Wind. Dann schmort die Stadt wie in einem Kessel; ihre makellose, schon berühmte Bucht umfängt die veilchenblaue See mit den ausgebreiteten Armen einer weißen Riesin; der ansteigende Berg dicht hinter ihr aber verriegelt sie den frischen Brisen und macht die Menschen ungeduldig, wutzitternd auch bei kleinen Anlässen.
Die drei jungen Leute, die den Karmel erstiegen haben, sehen Grund zu mehr als flüchtiger Gereiztheit. Bis gestern hat man sie im Quarantänelager festgehalten. Die Polizei, diese gelbgesichtigen Araber, haben sie behandelt, wie man unwillkommene Einwanderer, Dritte-Klasse-Passagiere auf der ganzen Welt behandelt; aber sie hier sind nicht gesonnen, sich in diese Sparte einreihen zu lassen. Sie sind das rückkehrende jüdische Volk, ein winziger Pflanzkern davon. Wie können diese Lümmel mit den schwarzen Pelzmützen sie so lange vor der Schwelle ihres eigenen Heimathauses aufhalten, hinter Stacheldraht herumlungern lassen wie Bettler, in der Hoffnung anscheinend, es werde noch irgendein Aussatz bei ihnen hervorbrechen und man könne sie dann wieder ins Zwischendeck des Triestiner Dampfers verfrachten: zurück nach Polen, meine Herrschaften, nach der Tschechoslowakei, nach Rumänien, Ungarn, wohin auch immer! Die drei jungen Leute atmen trunkenen Auges die Freiheit jetzt, die Schönheit der Bucht. Sie steigt wie die Sitzreihen eines antiken Theaters von der Küste bis zur Hochfläche des Karmel empor; alles liegt gelb da, grau, verbrannt; aber das Blau des Meeres und das Weiß des Sandes unten, der Steine oben grüßt sie mit dem Gruß der blauweißen Heimatflagge, die sich das wiedergeborene Judentum gewählt hat. Sie werden Pioniere dieses Landes sein,

arbeitende Erbauer, auf ihnen ruhen die Grundlagen des neuen Palästina. Eigentlich sind sie geschulte Landarbeiter. Aber wie Zehntausende ihrer Vorgänger werden auch sie Malariaboden entsumpfen, in glühender Sonne Straßen teeren, mit nackten Armen den Stein zertrümmern, bei Regengüssen in Zelten schlafen und dabei glückselig sein. Sie haben schon alle drüben, im alten Europa, Hebräisch gelernt und sind entschlossen, hier keine andere Sprache zu benutzen. Was früher war, ist verbrannt, die Asche davongeflogen; nur, was vor ihnen wartet, gilt. So meinen sie.

→ »Das Auge Gottes«

Der See Genezareth, Tiberias, Kapernaum

Galiläa im Norden des Heiligen Landes wird mit gutem Grund auch »Garten Israels« genannt. Hier überwintern Hunderte von seltenen Vogelarten, eine dank des subtropischen Klimas üppig blühende Fauna läßt die Herzen naturverbundener Besucher höher schlagen. Inmitten dieser überaus reizvollen Gegend liegt, 208 Meter unter dem Meeresspiegel, der See Genezareth. Er gleiche den schönsten Seen im Salzkammergut oder in den Alpen, schwärmt Felix Salten, »man stelle sich den Wolfgang- oder den Attersee im Klima und in der Vegetation von Indien vor!« Und selbst der so hyperkritische Mark Twain, der während seiner Palästinareise sonst ständig lästerte, konnte von der Schönheit der Landschaft »nicht genug reden«, und er vermochte sich nicht vorzustellen, »wo diejenigen Reisenden ihre Augen hatten, die das Landschaftsbild des Sees als reizlos oder uninteressant beschrieben haben«.

Diese Oase in einer überwiegend kargen Landschaft hat sich zu einer wichtigen Touristenattraktion entwickelt und stellt damit eine beachtliche Einnahmequelle für die ansässige Bevölkerung dar. Die Gegend rund um den See erweist sich aber nicht nur für Sonnenanbeter, Wassersportler und sonstige Vergnügungssüchtige als erste Adresse, eine ganze Reihe kunsthistorisch und vor allem natürlich religionsgeschichtlich bedeutsame Stätten gilt es zu entdecken. Denn hier in Galiläa, am See Genezareth, lebte Jesus während des größten Teils seines öffentlichen Wirkens, hier hat er auch seine Wunder vollbracht. Doch der Reihe nach.

Der See Genezareth ist Israels größtes Süßwasserreservoir. Ein ausgeklügeltes Pipelinesystem versorgt nicht nur Städte, sondern auch die riesigen Pflanzungen in der Negev-Wüste mit dem kostbaren Naß. Die malerische See-Idylle überdeckt allerdings eines der größten, geradezu existenzbedrohenden Probleme des Landes: Wasser, oder besser, den Mangel daran. Denn alljährlich sinkt der Pegelstand des ohnehin nur 170 Quadratkilometer großen Sees. Wenn sich daran nicht bald etwas ändert, werden in einigen Jahren auch ganz normale Menschen von dem einen zum anderen Ufer wandeln können.

Für diesen See, durch den sich der Jordan seinen Weg bahnt, haben sich verschiedene Namen eingebürgert. Im Alten Testament (und noch heute auf israelischen Karten) heißt er Kinneret, nach dem hebräischen Wort für »Harfe«, denn tatsächlich erinnert das Gewässer in seinen Umrissen an dieses Musikinstrument. Zur Zeit der Makkabäer, im zweiten vorchristlichen Jahrhundert, begann man ihn dann auch nach der sich an seinem Nordufer erstreckenden Ebene Gennesar oder Genezareth zu nennen, später Meer von Galiläa. So heißt er auch heute noch im Englischen (Sea of Galilee). Und im Johannes-Evangelium findet sich die Bezeichnung Tiberias-See. Die Verfasser des Talmuds aber haben sicherlich den schönsten Namen gefunden, wenn sie vom »Auge Gottes« sprechen.

Es war vor allem die Schönheit der Gegend um den See Genezareth, die Ernest Renan zu seinem ideenreichen und formvollendeten *Leben Jesu* inspirierte. Den nachhaltigen Eindruck, den dieses Erlebnis auf ihn gemacht hat, beschreibt der Religions-

← Am See Genezareth ist Jesus mit nur zwei Fischen und fünf Laiben Brot die wundersame »Speisung der Fünftausend« gelungen.

historiker in einem Brief: »Ich hatte ein fünftes Evangelium vor Augen, zerfetzt, aber noch lesbar, und von da an erblickte ich durch die Berichte des Matthäus und Markus hindurch statt eines abstrakten Wesens ein wunderbares Menschenantlitz mit Leben und Bewegung.«

Die folgende Passage aus seinem berühmtesten Werk nennt einen möglichen Grund, warum dieses »anmutigen Land« zur Wiege einer neuen Religion, des Christentums, werden konnte:

Eine entzückende Natur trug dazu bei, diesen viel weniger herben, weniger (wenn ich mich so ausdrücken darf) hartnäckig monotheistischen Geist zu bilden, der allen Träumen von Galiläa eine idyllische und liebliche Wendung gab. Die Jerusalem benachbarte Gegend ist vielleicht das traurigste Land der Welt. Galiläa dagegen war ein sehr grünes, sehr schattiges, sehr lachendes Land, das wahre Land des hohen Liedes und der Gesänge des Vielgeliebten. Während der beiden Monate März und April ist das Feld ein dichter Wald von Blumen von einer unvergleichlichen Lebhaftigkeit der Farben, die Tiere sind daselbst klein, aber von äußerster Sanftmut: zarte und muntere Turteltauben, blaue Amseln, so leicht, daß ihr Gewicht den Grashalm nicht beugt, Haubenlerchen, welche sich fast unter den Füßen der Reisenden niederlassen, kleine Bachschildkröten mit glänzenden und sanften Augen, keusch und ernst aussehende Störche, welche ohne Schüchternheit den Menschen nahe kommen lassen und ihn zu rufen scheinen. In keinem Lande der Welt entfalten sich die Berge mit mehr Lieblichkeit und regen erhabenere Gedanken an.

Renans farbige Beschreibung dieses Landstrichs findet eine Bestätigung in der fast zwei Jahrtausende älteren *Geschichte des Judäischen Krieges* des Flavius Josephus:

Den Gennesar entlang erstreckt sich eine gleichnamige Landschaft von wunderbarer natürlicher Schönheit. Der Boden ist so fett, daß jede Pflanze wachsen kann, und die Bewohner haben ihn auch mit allen möglichen Arten bepflanzt, zumal das ausgezeichnete Klima zum Gedeihen der verschiedensten Gewächsarten beiträgt. Nußbäume, die am meisten der Kühle bedürfen, wachsen dort in großer Menge, ebenso wie Palmen, die nur in der Hitze gedeihen; nahe bei ihnen stehen Feigen- und Ölbäume, denen eine gemäßigte Temperatur mehr zusagt. Was sich hier vollzieht, könnte man ebenso einen Wettstreit der Natur nennen, die das einander Widerstrebende auf einen Punkt zu vereinen trachtet, wie einen edlen Kampf der Jahreszeiten, von denen jede diese Landschaft in Besitz zu nehmen sucht.

Der Hauptort am See Genezareth ist Tiberias. Die Stadt wurde in der Zeit um das Jahr 19 unserer Zeitrechnung von Herodes Antipas gebaut und nach dem römischen Kaiser Tiberius benannt. Weniger bekannt ist, daß Tiberias neben Jerusalem, Hebron und Safed zu den vier heiligen Stätten des Judentums gehört. Denn nach dem erfolglosen Bar-Kochba-Aufstand im Jahre 135 war den Juden der Aufenthalt in Jerusalem verboten, und Tiberias stieg zum geistig-kulturellen Zentrum der Israeliten auf. Hier findet man daher die Gräber großer Rabbiner; die von Maimonides und Ben Akiba, der in dem Rebellen Bar Kochba den Messias zu erkennen glaubte, sind auch darunter.

Alphonse de Lamartine, französischer Dichter und Politiker, kam in den dreißiger Jahren des 19. Jahrhunderts ins Heilige

Land. Seinen Besuch in Tiberias sollte er in weniger guter Erinnerung behalten:

Tiberias lohnt nicht einmal von innen einen flüchtigen Blick – eine wirre und schlammige Ansammlung einiger Hundert Häuser, die den arabischen Hütten aus Schlamm und Stroh ähneln. Wir werden auf italienisch und deutsch von ein paar polnischen Juden begrüßt, die am Ende ihres Lebens, wenn sie nichts anderes mehr zu erwarten haben als die ungewisse Stunde ihres Todes, ihre letzten Augenblicke in Tiberias verbringen, an den Ufern ihres Meeres, mitten im Herzen ihres teuren Landes, um unter ihrer Sonne zu sterben und in ihrer Erde begraben zu werden, wie Abraham und Jakob [...] Man würde es vergeblich leugnen: zwischen dem Menschen und der Erde, aus der er geformt wurde, aus der er kam, gibt es Sympathie, Wesensverwandtschaft. Es ist gut, es ist süß, ihr dieses bißchen Staub zurückzubringen, den man sich für ein paar Tage geborgt hat.

Einen nur wenig besseren Eindruck brachte der Bonner Gelehrte Gerhard von Rath von seiner Palästinareise mit nach Hause. In dem 1882 erschienenen Bericht *Durch Italien und Griechenland nach dem Heiligen Land* hält sich die Begeisterung des Verfassers in Grenzen:

Der Anblick von Tiberias, wohin wir jetzt herabzusteigen beginnen, ist in der Tat bedauernswert. Die Stadt, umschlossen von schwarzen Basaltmauern und Türmen, liegt, ebenso wie die gewaltige dunkle Burg an ihrer Nordseite, nach dem Erdbeben von 1837 noch zerbrochen und zertrümmert da. Über den weißen Dachkuppeln und den schwarzen Mauern erheben Palmen ihre gefiederten Wipfel. Alles aber wird überstrahlt durch die ungeheure Masse blauen Lichtes, welche von dem ca. 3 Quadratmeilen großen Wasserspiegel ausstrahlt [...] Die schmale Ebene vor der Stadt ist wüst, die Mauern zerrissen, das Tor verwahrlost. Beim Eintritt sahen wir uns von Ruinen umgeben, eine Moschee, ein schönes Baudenkmal, zur Hälfte niedergestürzt und geöffnet [...] So malerisch der Anblick der Stadt von der Höhe, so wenig anziehend ist das Innere.

Mark Twain interessierte sich bei seinem Abstecher nach Tiberias nur für die Menschen, »die Häuser kümmerten uns nicht«, läßt er seine Leser in *Die Arglosen im Ausland* wissen. In dem Kapitel mit dem vielsagenden Titel »Tiberias und seine komischen Bewohner« mokiert sich Twain über die Eigenheiten der Einheimischen:

Wir lagern jetzt an dieser Stelle, dicht innerhalb der Stadtmauer von Tiberias. Vor Einbruch der Nacht zogen wir in das Städtchen ein und schauten uns seine Menschen an – die Häuser kümmerten uns nicht. Diese Menschen werden am besten aus der Entfernung besichtigt. Es sind besonders häßliche Juden, Araber und Neger, Schmutz und Armut sind der Stolz von Tiberias. Die jungen Frauen tragen ihre Mitgift bei sich, auf einen starken Draht aufgezogen, der sich vom Scheitel bis zum Kiefer spannt – türkische Silbermünzen, die sie zusammengescharrt oder geerbt haben. Die meisten dieser Jungfrauen waren nicht wohlhabend, aber einige wenige waren vom Glück sehr freundlich behandelt worden. Ich sah dort Erbinnen, die von Hause aus wert waren – wert waren, na, ich glaube, ich könnte neuneinhalb Dollar sagen. Aber solche Fälle sind selten. Wenn man einer solchen begegnet, tut sie natürlich vornehm. Sie fragt nicht nach einem Bakschisch. Sie gestattet nicht einmal unpassende Vertraulichkeiten. Sie legt sich eine niederschmetternde Würde zu und übt gelassen weiter auf ihrem feinen Kamm und zitiert Verse, gerade als ob man überhaupt nicht anwesend wäre. Manchen Leuten bekommt es eben nicht, reich zu werden.

Theodor Herzl hat sich in seinen für die Zeit um die Jahrhundertwende mehr als kühnen Visionen eigentlich nur selten geirrt. Doch daß zum Beispiel ausgerechnet Hebräisch einmal die Nationalsprache in Eretz Israel werden würde, konnte sich der Vater des politischen Zionismus partout nicht vorstellen. Denn dafür hatte der Wiener Journalist eigentlich Deutsch vorgesehen. Weitsichtiger erwies sich Herzl, was Tiberias anbelangt. In seinem utopischen Roman *Altneuland* prophezeite er der Stadt die glänzende Zukunft eines luxuriösen, weltoffenen Badeortes:

Sie hatten ein Schauspiel von heller Lebensfreude vor sich, etwas, das an die glorreichen Saisontage an der Riviera zwischen Cannes und Nizza erinnerte. Allerlei lustiges Fuhrwerk mit eleganten Leuten trieb vorüber. Zumeist waren es Motorwagen von hübscher Gestalt für zwei, drei und mehr Insassen. Doch sah man auch altertümliche, mit Pferden oder Mauleseln bespannte Karren und zwischendurch Radfahrer, Reiter und auf dem glatten Fußpfade längst des Wassers wohlgelaunte Spaziergänger. Es war das internationale Publikum jener Badeorte, die den modischen Zulauf haben. Kingscourt und Friedrich erfuhren jetzt, daß Tiberias wegen seiner heilkräftigen warmen Quellen und wundervollen Lage von den wohlhabenden Winterflüchtlingen aus Europa und Amerika aufgesucht werde, die gewohnt waren, den ewigen Frühling in Sizilien oder Ägypten aufzusuchen.

Warum ausgerechnet Tiberias? Herzl mag dabei vielleicht jenen Spruch aus dem Talmud im Sinn gehabt haben, der Tiberias als den Ort nennt, von dem dereinst, am Ende der Zeit, die Erlösung der Menschheit ausgehen wird. Bis dahin mag noch viel Wasser den Jordan hinunterfließen, heute aber schon kann sich der gestreßte Israeli (und Israelbesucher) in diesem modernen Bade- und Kurort vom Großstadtlärm und all den Nachteilen der Zivilisation erholen.

Berühmt ist in Tiberias die malerisch gelegene, fast zwei Kilometer lange Hafenpromenade, Tayyelet, mit ihren vielen Cafés und Restaurants, aus denen man einen herrlichen Blick auf den See Genezareth hat. Hier laden Vergnügungsdampfer zu Fahrten zum anderen Ufer ein, und wer sich in seinem Urlaub auch einmal mit nur einem PS zufriedengeben kann, wird sich mit einer Pferdedroschke gemütlich durch die Stadt chauffieren lassen. Da Tiberias mit seinen knapp 40000 Einwohnern überschaubar geblieben ist, kann man die Stadt auch bequem zu Fuß erkunden. Felix Salten hat das getan, offensichtlich nicht ohne Vergnügen:

Die Straßen von Tiberias, das ganz in sich massiert am Ufer liegt, durchstreife ich stundenlang, bin stundenlang in den Basaren, tauche in das Lärmen und Treiben, in das Getümmel und Gedränge hundertfältiger bunter Gestalten wie in ein Bad, darin man Erfrischung genießt und das Zuströmen neuer Kräfte. Immer wieder stoße ich durch Gassen und Gäßchen, durch Torbögen und Zugänge auf das Seeufer, erblicke immer wieder den festlichen, blau oder grün schimmernden Wasserspiegel hereinleuchten in den Häuserschatten der Stadt. Stundenlang verweile ich auf der Dampferbrücke oder auf dem Vorplatz des Cafés, das dicht dabei liegt. Schaue den Arabern zu, die hier Domino spielen und rauchen. Oder schaue das Gestade auf und nieder und genieße die malerisch bezaubernden Bilder, die ein Segelboot bietet, das fahrbereit im bespülten Sand liegt, oder Rinderherden, die still bis an den Leib im Seichtwasser stehen, oder badende Knaben, deren nasse, braune Körper in der Sonne glänzen. Ich sitze stundenlang auf der Hotelterrasse und bewundere die Stadt, die ganz dicht vor mir liegt, nur durch die Breite der seewärts laufenden Fahrstraße getrennt, und die trotz solcher Nähe ganz zu überschauen ist. Sie hat mit ihren flachen Dächern, mit ihrem Minarett, mit ihren Kuppeln eine prächtig beredsame, eine charakteristische Silhouette von höchstem exotischen Reiz. Und sie gibt mit dem See, mit den grünblauen Bergen, die jenseits ihrer Mauern den Hintergrund schließen, einen seligen Zusammenklang. Abends, als wolle das Schicksal es verhüten, daß während meines Aufenthalts die Schönheit dieses Erdentals in Finsternis sinke, kommt auch noch der Vollmond und hebt die Stadt, den See und die Berge in den Silberglanz seines Lichtes, wandelt die ohnehin betörende Wirklichkeit des Tages in verwirrend holden Märchenzauber.

Nun, Domino spielende und rauchende Araber, wie sie Salten bei seinem Besuch 1924 noch beobachten konnte – von Rinderherden ganz zu schweigen –, wird man heute in Tiberias allerdings nicht mehr bemerken. Kurz vor der israelischen Staatsgründung lebten hier 12000 Menschen, je zur Hälfte Juden und Araber. Bei Ausbruch des Unabhängigkeitskrieges flüchteten die Araber: Tiberias gilt seit 1948 als eine rein jüdische Stadt.

Die Gestade des Sees Genezareth waren Schauplatz der in der Bibel bezeugten Wunder Jesu Christi. Gottes Sohn konnte hier durch sein bloßes Wort einen Sturm stillen, er überquerte bei Kapernaum das Wasser, erweckte die Tochter des Jairus von den Toten, heilte Besessene und Lahme, gab Blinden ihr Augenlicht wieder. Diesem geschichtsträchtigen Boden, schreibt Mark Twain, ist »der Baum des Christentums entsprossen, dessen breite Zweige heute so viele entfernte Länder überschatten«. Überschatten? Ein Schelm, der Arges dabei denkt ...

Die »Vermehrungskirche« in dem etwas südlich von Kapernaum gelegenen Ort Tabgha erinnert, wie ihr Name schon sagt, an jene wundersame Brotvermehrung. Dem Heiland ist hier mit nur fünf Laiben Brot (und zwei Fischen) die »Speisung der Fünftausend« gelungen. Das alles ist nachzulesen in der Heiligen Schrift. Oder zum Beispiel, allerdings weitaus unterhaltsamer, in Muriel Sparks Roman *Das Mandelbaumtor*:

Am meisten hatte sie sich in den kühlen Kirchen Israels aufgehalten, wo manchmal ein Priester, einer der franziskanischen Hüter der katholischen Heiligtümer im Lande, sich zu ihr setzte und über das einzige Gebiet sprach, das ihm geläufig war: die Fleischwerdung Christi, deren äußeres Zentrum eben dieser Ort war [...] Kapernaum: hier, in der Synagoge und ihrer Umgebung, hielt Jesus seine bedeutendsten Reden, hier vollbrachte er seine großen Wunder, hier arbeitete Matthäus als Zöllner im Zollhaus, ehe er aufgerufen wurde, dem Sohn Gottes nachzufolgen; von hier auch stammten Petrus und Andreas; hier, in der Synagoge, die vor diesen Ruinen gestanden haben muß, stiftete Jesus das Neue Testament, jawohl, hier in der Synagoge, als er sagte, er sei das Brot des Lebens für die Welt.

Viele der in der Heiligen Schrift erwähnten Orte, in denen Jesus seine Wunder vollbrachte, sind heute von der Landkarte verschwunden. Warum das so ist, erklärt Mark Twain auf seine Weise:

Dann zog er heilend und lehrend durch Galiläa und reiste sogar nach Tyrus und Sidon. Er erwählte die zwölf Jünger und sandte sie aus, das neue Evangelium zu predigen. Er vollbrachte Wunder in Bethsaida und Chorazin – Dörfern, die zwei oder drei Meilen von Kapernaum entfernt liegen [...] Er verfluchte sie beide und auch Kapernaum, weil sie nicht bereuten, nachdem er so viele große Werke in ihrer Mitte vollbracht hatte, und prophezeite ihnen Übles. Sie alles sind jetzt verfallen, was die Pilger befriedigt, denn wie üblich beziehen sie die ewigen Gottesworte auf die vergänglichen Dinge dieser Erde; es ist wahrscheinlich, daß Christus die Leute meinte, nicht ihre schäbigen Wigwams: er sagte, es würde am »Tag des Gerichts« schlimm für sie werden – und was haben Lehmhütten am Tage des Gerichts zu suchen?

→ »Wiege des Christentums«
NAZARETH, BERG TABOR

Nicht viel mehr als eine halbe Stunde Fahrzeit vom See Genezareth entfernt liegt Nazareth. Die Stadt am Südrand der galiläischen Berge ist neben Jerusalem und Bethlehem der wichtigste christliche Wallfahrtsort im Heiligen Land, kann geschichtlich allerdings mit diesen kaum mithalten und enttäuscht, offen gesagt, meist auch die hohen Erwartungen nicht nur der religiös motivierten Besucher. In einem Reiseführer taucht Nazareth deshalb sogar unter der Rubrik »Orte, die man meiden sollte« auf. Ein Tor, wer sich daran hielte, denn ganz so schlimm ist Nazareth natürlich nicht.

Immerhin kam sogar Gustave Flaubert, den wir auf unseren Spaziergängen fast immer nur als einen notorischen Nörgler und Miesmacher kennengelernt haben, bei seinem Besuch in Nazareth ein wenig ins Schwärmen: »Das erste, was man zu Gesicht bekommt, ist das Minarett der von Zypressen umstandenen Moschee. Das ganze Gelände ist wie von weißen Steinen getigert, dies bewirkt einen reizenden Überraschungseffekt.«

Auch Felix Salten sammelte, 100 Jahre später, in Nazareth keine gar so üblen Eindrücke:

So leben in Nazareth fast ausschließlich Christen. Erst zweihundert Jahre ist es her, daß die kleine Ortschaft wieder zum Städtchen anwuchs. Franziskaner waren damals die ersten, die seit der Vernichtung der Kreuzfahrer sich wieder ansiedelten, andere Mönche und Nonnen folgten. Kloster neben Kloster steht hier, und die Frauen lernen bei den Schwestern Spitzen

häkeln oder klöppeln. Von den Erinnerungsstätten an Jesus weiß nur die Überlieferung. Ein Brunnen, der auf freiem Platz rauscht, wird der Brunnen Mariae genannt. Unweit davon wird der Platz gezeigt, wo die Zimmermannswerkstatt des Josef gewesen ist. Man sieht in den Straßen außer den Mönchen und Nonnen, außer den Kameltreibern und Arbeitern englisches Militär. Die Engländer führen hier, wie überall, ihre englische Lebensweise. Sie spielen Golf, Polo und Tennis. Die Mannschaft spielt Fußball. [...] Schön ist der Morgen in Nazareth. Man sieht fast überall, beinahe von jeder Straße aus den größten Teil der Stadt. Sie liegt ganz offen, hingebreitet auf der sanften Schräge des Bergrückens, weit auseinandergerückt die Häuser, die großen Klosterbauten, dazwischen ausgedehnte Gärten. Diese Szenerie atmet Milde und Sanftheit. Auf diesem Schauplatz vergehen die Jugendtage Jesu. Hier lebt er mit Josef, dem bescheidenen, ehrlichen Zimmermann, mit Maria, seiner Mutter. Hier spielt die Idylle, der dann die Tragödie folgt.

Viele Autos rattern durch Nazareth. Etliche von ihnen brachten heute eine ganze Schar amerikanischer Pilger, die abends bei Tisch den kleinen Speisesaal mit Lärm und Gelächter erfüllen. Sie sind früh nur eine Stunde etwa in Nazareth gewesen, kommen vor dem Dinner schon aus Tiberias zurück und werden sich vielleicht morgen schon in Haifa oder Jaffa einschiffen oder per Bahn nach Alexandrien reisen. Diese Leute »machen« Palästina in fünf, sechs Tagen ab. Sehr viele Araber haben Autos oder mieten sich welche. Sie sind wie närrisch mit diesem Vehikel. Immerfort trifft man auf den Straßen nach Tibe-

← Der atemberaubende Ausblick vom Berg Tabor reicht bei guten Sichtverhältnissen über ganz Galiläa.

rias Automobile, gedrängt voll mit Beys und Scheichs und Derwischen, die nach Transjordanien fahren oder von dorther kommen.

Während des israelischen Unabhängigkeitskrieges flohen viele Araber aus ihren Städten und Dörfern, nur aus Nazareth ließen sie sich nicht verdrängen. Darum ist es heute mit seinen fast 70000 Einwohnern die größte und einflußreichste arabische Stadt in *Eretz Israel*, obgleich die Jerusalemer Regierung nach wie vor durch eine forcierte Ansiedlung jüdischer Bewohner das Verhältnis zu ihren Gunsten zu verändern sucht. Das Ergebnis dieser Bemühungen kann man in dem Stadtteil Nazareth Illit (»Ober-Nazareth«) sehen, einer aus dem Boden gestampften Siedlung mit einer ausschließlich jüdischen Bevölkerung, die sich durch saubere Straßen, blühende und gepflegte Vorgärten mit schmucken Häusern vom arabischen Nazareth sehr deutlich abhebt. Da die (zumeist christlichen) Araber aber noch immer die Mehrheit in der Stadt ausmachen, wird hier nicht wie im restlichen Israel der Sabbat als Ruhetag gefeiert, sondern der Sonntag.

Vor Beginn des christlichen Zeitalters muß Nazareth ein Dorf wie viele andere in der Region gewesen sein, im Alten Testament und in der vorchristlichen Literatur bleibt es jedenfalls unerwähnt. Doch genoß der Ort offenbar, aus welchen Gründen auch immer, seinerzeit einen schlechten Ruf. Im Johannes-Evangelium fragt Nathanael, als man ihm sagte, der erwartete Messias sei der Jesus von Nazareth: »Nazareth? Was kann von Nazareth schon Gutes kommen?«

Die Stadt verdankt also, genau wie Bethlehem oder Kapernaum, seine heutige Berühmtheit allein der Tatsache, daß sie im

Neuen Testament ein bedeutender Schauplatz ist, und wird daher auch zuweilen »Wiege des Christentums« genannt. Lassen wir die Frage, ob Jesus Christus nun tatsächlich in Bethlehem zur Welt kam oder vielleicht doch in Nazareth, an dieser Stelle offen, fest steht, daß Nazareth bei vielen Israelbesuchern weit oben auf der Interessenliste steht. Denn hier verkündete Gabriel der Jungfrau Maria die wundersame Empfängnis des Gottessohnes: »Und im sechsten Monat wurde der Engel Gabriel von Gott gesandt in eine Stadt in Galiläa, die heißt Nazareth, zu einer Jungfrau, die vertraut war einem Mann mit Namen Josef vom Hause David; und die Jungfrau hieß Maria. Und der Engel kam zu ihr hinein und sprach: Sei gegrüßt, du Begnadete! Der Herr ist mit dir! Sie aber erschrak über die Rede und dachte: Welch ein Gruß ist das? Und der Engel sprach zu ihr: Fürchte dich nicht, Maria, du hast Gnade bei Gott gefunden. Siehe, du wirst schwanger werden und einen Sohn gebären, und du sollst ihm den Namen Jesu geben.« (Lukas 1,26-31) Zudem verbrachte Jesus in Nazareth die ersten Jahre seines Lebens, bis er fortzog, um sich von Johannes dem Täufer taufen zu lassen.

Als Jesus zu Beginn seines öffentlichen Wirkens nach Nazareth zurückkehrte und die Bewohner vom kommenden Reich Gottes und seiner göttlichen Sendung zu überzeugen suchte, stieß er auf wenig Gegenliebe. In der Synagoge predigte er tauben Ohren und wurde davongejagt, besonders zornige Juden versuchten, ihn umzubringen. Sie schleppten ihn »bis zu dem Steilabhang des Berges, auf dem ihre Stadt gebaut war« und wollten ihn dort hinabstürzen (Lukas 4,29). Noch heute heißt daher dieser Berg »Saltus Domini« oder Berg des Absturzes.

Wie aber soll man sich Nazareth zur Zeit Jesu vorstellen? Friedrich Naumann, Schriftsteller und Politiker, unternahm 1899 eine ausgedehnte Orientreise und stellte sich in Nazareth die folgenden Fragen:

Ob es wohl mehr grüne Bäume gab als jetzt? Man denke sich alle modernen europäischen Gebäude hinweg, nehme auch alle Kaktuswände weg, lasse die Glocken verstummen und die Patres verschwinden, man nehme dem Ort alle Berühmtheit und alle historische Wichtigkeit, so wird man sich eine gewisse Vorstellung machen können von dem Boden, den Jesus vorfand. Wir sehen dieselbe Aussicht, die er sah, wir sitzen auf dem Abhang, wo er saß, wir trinken Wasser von der Quelle, wo Maria schöpfte [...] War Jesus so, wie Dürer oder Overbeck oder Thorwaldsen oder Uhde ihn dachten? Sie alle waren nicht in Nazareth, dem Ort, wo man am ersten träumen mag, wie Jesus aussah. Ahnen können wir es, aber zu sagen, wagen wir es nicht. Ahnungen lassen sich nicht in bestimmte Worte gießen.

Selbst auf Mark Twain hat die Stadt Nazareth keinen geringen Reiz ausgeübt, auch wenn er sich sonst von heiligen Stätten weniger beeindruckt zeigte. Der Amerikaner warf in diesem Zusammenhang Fragen auf, die vermutlich ein jeder stellt, der sich seinen gesunden Menschenverstand hat bewahren können:

Er zog in seine alte Heimat nach Nazareth und besuchte seine Brüder Josef, Judas, Jakob und Simon – Personen, die man erwartet, ab und zu erwähnt zu finden, da sie doch leibliche Brüder Jesu Christi waren, aber wer hat jemals ihre Namen in einer Zeitung gelesen oder sie von einer Kanzel herab gehört? Wer forscht jemals danach, was das für Jünglinge waren und ob sie mit Jesus schliefen, mit ihm spielten und um ihn herumtollten; sich mit ihm über Spielzeug und Kleinigkeiten zankten; ihn im Zorn schlugen, ohne zu ahnen, wer er war? Wer fragt sich jemals, was sie gedacht haben, als sie ihn als Berühmtheit nach Nazareth zurückkommen sahen und ihm lange in das fremd gewordene Gesicht schauten, um sich zu vergewissern, und dann sagten: »Ist es denn Jesus?« Wer fragt danach, was in ihrem Gemüt vorging, als sie sahen, daß dieser Bruder (der nur ein Bruder für sie war, wie sehr er auch für andere ein geheimnisvoller Fremder sein mochte, der ein Gott war und Gott über den Wolken Auge in Auge gegenübergestanden hatte) seltsame Wunder vollbrachte, die ganze Mengen verblüffter Leute bezeugten? Wer fragt sich, ob die Brüder Jesus aufforderten, mit ihnen nach Hause zu gehen, und gesagt haben, seine Mutter und Schwestern seien wegen seiner langen Abwesenheit bekümmert und würden außer sich sein vor Freude, ihn wiederzusehen? Wer verschwendet überhaupt einen Gedanken an die Schwestern Jesu? – und doch hatte er Schwestern; und Erinnerungen an sie müssen sich oft in seinen Sinn gestohlen haben, wenn er in der Fremde schlecht behandelt wurde; wenn er heimatlos war und sagte, er habe nichts, wohin er sein Haupt legen könne; als alle ihn verließen, sogar Petrus, und er allein unter seinen Feinden stand.

Christus vollbrachte in Nazareth wenige Wunder und blieb nur eine kurze Zeit. Die Leute sagten: »*Das* soll der Sohn Gottes sein? Aber sein Vater ist doch nur ein Tischler. Wir kennen die Familie. Wir treffen sie jeden Tag. Heißen seine Brüder nicht Soundso und seine Schwestern Soundso, und ist seine Mutter nicht die Person, die Maria heißt? Das ist ja lächerlich!« Er verfluchte seine Heimat nicht, aber er schüttelte ihren Staub von den Füßen und zog davon.

»Nazareth ist kolossal interessant«, schreibt Mark Twain an einer anderen Stelle, »weil dieses Städtchen wirkt, als stünde es genau wie damals, als Jesus es verließ«. Wer sich aber mit der Geschichte Nazareths beschäftigt, weiß, daß die Stadt seit der Zeit Christi ganz ähnlich wie Jerusalem mehrfach zerstört und wiederaufgebaut wurde, neue Herrscher und Eroberer kamen und gingen.

»Die Stadt Nazareth empfand ich als eine wenig bemerkenswerte Siedlung«, hält dagegen Hans Mayer in seinem Israelbuch fest und hat für diese Stadt auch kaum mehr Worte übrig. Nicht wenige Besucher werden hier sicher zu einem ganz ähnlichen Urteil gelangen. Der Zustand des heutigen Nazareth steht dabei in einem scharfen Kontrast zu den Berichten vieler Reisender der vergangenen Jahrhunderte, wird doch dort Nazareth geradezu hymnisch für seine Schönheit und Lieblichkeit gerühmt. Rings von Bergen umschlossen, in der Nähe der Via Maris, der alten Karawanenstraße, die vom syrischen Damaskus nach Ägypten führte, zwischen üppig blühenden Gärten, fruchtbaren Feldern und Weinbergen gelegen, bot es vielen seiner Besucher ein Bild des Friedens. Der Heilige Hieronymus nannte die Stadt die »Blume von Galiläa«, was zugleich auch als Metapher aufzufassen ist: Nazareth als »die Blume des Stammes David«.

Wer heute nach Nazareth kommt, findet alle wichtigen Sehenswürdigkeiten im Zentrum der alten arabischen Stadt konzentriert. Die bedeutendste steht auf der Casa Nova Street: die Verkündigungskirche. Sie wurde 1969 fertiggestellt und zum großen Teil durch eine Spende von Frank Sinatra finanziert. Dieser Bau ist übrigens der fünfte an derselben Stelle, an der der Engel Gabriel Maria die Geburt Jesu verkündet haben soll, und steht heute unter der Verwaltung der Franziskanermönche.

Wie die vierte Verkündigungskirche aus dem 18. Jahrhundert vor ihrem Abriß 1955 aussah, läßt sich heute nur noch in den literarischen Zeugnissen nachlesen. Wir geben darum gerne noch ein letztes Mal Ida Pfeiffer das Wort:

Diese Kirche, in welche uns ein Geistlicher begleitete, ist ebenfalls von der heiligen Helena erbaut und nicht besonders groß. Im Hintergrund führt eine Treppe in die Grotte hinab, in welcher die heilige Maria durch den Engel die Botschaft des Herrn empfing. Drei kleine Granitsäulen sind in dieser Grotte noch sichtbar. Der untere Teil von einer derselben wurde durch die Türken zerstört, sie ist nur oben befestigt, daher behaupten viele, sie schwebe ganz frei in den Lüften. Hätten diese Menschen weiter gesehen, als ihre Nase reicht, und nur einen Blick in die Höhe geworfen, sie würden schwerlich ein Wunder behaupten, das nur in ihrer Einbildung existiert. – Ein ziemlich gutes Gemälde an der Wand stellt die Verkündigung vor. Die eigentliche Wohnung Marias ist hier nicht zu sehen, weil der Sage nach ein Engel sie nach Loreto in Italien trug. Seitwärts gelangt man über einige Stufen zu der Grotte, in welcher die Nachbarin Marias wohnte, die in Abwesenheit der letzteren die Aufsicht über deren Wohnung führte und ihre häuslichen Geschäfte besorgte.

Die heutige Verkündigungskirche mit ihrer 37 Meter hohen kegelförmigen Kuppel ist der größte Sakralbau im Nahen Osten. Der Offenbarung des Engels Gabriel wird hier in der sogenannten Verkündigungsgrotte gedacht. Der riesige Marmorbau ist sicher nicht jedermanns Geschmack, rückt er sich doch mit seinem plumpen Baustil recht aufdringlich in den Vordergrund. Für das häßliche Äußere wird man aber durch sehr interessante Details im Inneren entschädigt, denn im Untergeschoß der Kirche hat der Architekt Teile der alten Kirchen aus byzantinischer Zeit und der Kreuzfahrerära integriert.

Etwa zwanzig Kilometer vom Stadtzentrum Nazareths entfernt erhebt sich mit seiner markanten Halbkugelform der Berg Tabor, der Ort der Verklärung Jesu. Mit seinen knapp 600 Metern ist er die höchste Erhebung der Region. Eine Serpentinenstraße führt zum Gipfel hinauf, auf den man entweder zu Fuß oder mit einem Taxi gelangt; privater Verkehr ist nicht gestattet.

In seinem Buch *Reise nach dem weiland Gelobten, nun aber seit siebzehn hundert Jahren unter dem Fluche liegenden Lande,* das 1751 in Halle veröffentlicht wurde, sind Jonas Korte viele schöne Beobachtungen gelungen. Wir können dem Buchhändler aus Altona nur zustimmen, was er uns über den Berg Tabor zu berichten weiß:

Es ist wahr, wenn die Natur was Schönes hat, so ist es dieser Berg. So viel gebürgige Länder ich mein Tage durchreiset, habe seinetgleichen doch nie gesehen, der an sich selbst so ein vortreffliches Ansehen und so eine unvergleichliche Aussicht hat. Von Osten und Westen siehet er recht einem Zucker-Huth gleich; von Süden und Norden siehet er ovalrund, wie denn auch ist. Gegen Norden und Nord-Westen stößt er zwar an andere Berge an, von welchen er aber doch durch ein tiefes Thal gantz abgesondert ist, die er auch an Höhe weit übertrifft, so, daß die Aussicht oben gar nichts hindert.

Die Aussicht von hier oben ist tatsächlich atemberaubend. Der Blick reicht bei guten Sichtverhältnissen über ganz Galiläa. Wie schon Gustave Flaubert vor hundert Jahren bietet sich einem auch heute »eine Ebene von hellem Schokoladenbraun mit goldblonden Flecken dazwischen« dar. Die Jesreel-Ebene nennt man wegen ihrer Fruchtbarkeit auch »Kornkammer Israels«, aber sie besaß auch eine äußerst wichtige strategische Bedeutung und wurde deshalb in der Geschichte besonders häufig zum Kriegsschauplatz. Mark Twain hat recht, es fällt einem schwer, »sich vorzustellen, daß diese schweigende Ebene einst von kriegerischer Musik widerhallt und unter dem Schritt Bewaffneter gebebt hatte«.

Im Norden zeigt sich der schneebedeckte Hermon, und in östlicher Richtung kann man das Jordantal erkennen und das tiefblaue Wasser des Sees Genezareth vor dem blasseren Blau der syrischen Berge. Im Westen steigt vor dem Mittelmeer das Karmelgebirge empor, zum Greifen nah liegt Nazareth, nach Süden geht der Blick bis tief zu den Hügeln von Samaria. In dieser Höhe bekommt man eine Vorstellung davon, wie schön, aber auch wie klein doch das Heilige Land eigentlich ist.

Im Alten Testament, im Buch der Richter, ist von einem Berg Tabor die Rede, in dessen Nähe eine der ersten großen Schlachten während der israelitischen Landnahme tobte. Auf Anweisung der Richterin Debora und unter dem Befehl des legendären Heerführers Barak kamen hier die Israeliten zusammen, um sich gegen die Unterdrückung der Kanaaniter zur Wehr zu setzen. Mit Erfolg. Denn, wie man in so manch alten »Sandalen-Filmen« sehen konnte, vermochten die Feinde mit ihren 900 Streitwagen nicht bergauf zu kämpfen, und weil die Israeliten die entscheidenden Kampfhandlungen listig bis in die Regenzeit hinauszögerten, blieben die Wagen im Morast stecken – das gesamte feindliche Heer fand den Tod.

Daß der Berg Tabor bis in die Gegenwart so bekannt ist, ergibt sich allerdings aus einem anderen in der Bibel bezeugten Ereignis. Hier oben soll das Treffen Jesu mit Mose und Elias stattgefunden haben, die sogenannte Verklärung Jesu. Dem Neuen Testament sind darüber nur vage Angaben zu entnehmen, so daß man eine Zeitlang für diese Begegnung auch den Berg Hermon oder sogar den Ölberg in Jerusalem in Betracht zog. Aber um die Mitte des ersten Jahrtausends einigten sich die Kirchenväter schließlich auf den Berg Tabor, eine Entscheidung, die den Bau einer Basilika zur Folge hatte.

Der Tabor steht einsam und allein als eine riesige Schildwache über der Ebene von Esdrelom [schreibt Mark Twain], ein überaus angenehmes Wahrzeichen für Augen, welche die abstoßende Eintönigkeit der syrischen Wüste satt haben. Die hervorstechenden Punkte dieser Landschaft durch den malerischen Rahmen eines verwitterten und verfallenen steinernen Fensterbogens aus der Zeit Christi zu betrachten ist so, daß alles weniger Anziehende der Sicht verborgen bleibt, das heißt, sich ein Vergnügen zu verschaffen, das zu genießen die Besteigung des Berges lohnt. Man muß auf seinem Gipfel stehen, um bei einem schönen Sonnenuntergang den besten Eindruck zu erhalten, und die Landschaft in einen kühnen, kräftigen Rahmen setzen, der sehr dicht bei der Hand ist, um all ihre Schönheit zur Wirkung kommen zu lassen.

→ Quellennachweis

Herausgeber und Verlag haben sich bemüht, die zuständigen Lizenzgeber ausfindig zu machen. Dies ist nicht in allen Fällen gelungen. Sofern noch nicht abgegoltene Ansprüche bestehen, werden die entsprechenden Lizenzgeber gebeten, sich mit dem Verlag in Verbindung zu setzen.

Agnon, Samuel Josef: *Gestern, vorgestern*. Aus dem Hebräischen von Karl Steinschneider. Jüdischer Verlag im © Suhrkamp Verlag, Frankfurt am Main 1996
Bellow, Saul: *Nach Jerusalem und zurück*. © Kiepenheuer & Witsch, Köln 1977
Ben-Chorin, Schalom: *Ich lebe in Jerusalem. Ein Bekenntnis zu Geschichte und Gegenwart*. © Bleicher Verlag, Gerlingen 1979
Breydenbach, Bernhard von: *Die Reise ins Heilige Land. Ein Reisebericht aus dem Jahre 1483*. Wiesbaden 1977
Domin, Hilde: *Lieder zur Ermutigung*. In: *Rückkehr der Schiffe*. S. Fischer, Frankfurt am Main 1962 (jetzt auch in: *Gesammelte Werke*. S. Fischer, Frankfurt am Main 1987) © Hilde Domin
Flaubert, Gustave: *Reise in den Orient*. Aus dem Französischen von Reinhold Werner und André Stoll. © für die deutsche Übersetzung: Insel Verlag, Frankfurt am Main und Leipzig 1996
Giordano, Ralph: *Israel, um Himmels willen, Israel*. © Kiepenheuer & Witsch, Köln 1991
Gregorovius, Ferdinand: *Eine Reise nach Palästina im Jahre 1882*. München 1995

Gur, Batya: *So habe ich mir das nicht vorgestellt.* © Berlin Verlag, Berlin 1996

Gur, Batya: *Von unheilvoller Schönheit.* In: Merian *Jerusalem.* © Jahreszeitenverlag, Hamburg 1995

Herzl, Theodor: *Der Judenstaat. Versuch einer modernen Lösung der Judenfrage.* Zürich 1996

Jehoschua, A.B.: *Die fünf Jahreszeiten des Molcho.* Aus dem Hebräischen von Ruth Achlama. © Piper Verlag GmbH, München 1989

Josephus, Flavius: *Geschichte des Judäischen Krieges.* Aus dem Griechischen von Heinrich Clementz. Leipzig 1978

Koestler, Arthur: *Diebe in der Nacht.* © Europa Verlag GmbH, Hamburg – Wien 1979

Lasker-Schüler, Else: *Ich liege wo am Wegrand.* In: *Gesammelte Werke, Bd. 1: Gedichte 1902-1943.* © Suhrkamp Verlag, Frankfurt am Main 1996

Lasker-Schüler, Else: *Gesammelte Werke, Bd. 2: Prosa und Schauspiele.* © Suhrkamp Verlag, Frankfurt am Main 1996

Mayer, Hans: *Reisen nach Jerusalem.* © Suhrkamp Verlag, Frankfurt am Main 1997

Melville, Herman: *Reisefresken dreier Brüder: Dichter, Maler, Müßiggänger. Tagebuch einer Reise nach Europa und in die Levante (1856/57).* Aus dem Amerikanischen von Daniel Göske. © Verlag Gachnang & Springer, Bern-Berlin 1991

Oz, Amos: *Im Lande Israel.* © Suhrkamp Verlag, Frankfurt am Main 1984

Pfeiffer, Ida: *Reise in das Heilige Land. Konstantinopel, Palästina, Ägypten im Jahre 1842.* Wien 1995

Plitt, Jakob Theodor: *Blick vom Ölberg auf Jerusalem.* In: **Editha Wolf-Crome (Hg.):** *Pilger und Forscher im Heiligen Land. Reiseberichte von Palästina, Syrien und Mesopotamien – aus Briefen und Tagebüchern vom 11. bis 20. Jahrhundert.* Giessen o. J.

Renan, Ernest: *Das Leben Jesu.* Anonyme Übersetzung aus dem Französischen. Zürich 1981

Salten, Felix: *Neue Menschen auf alter Erde. Eine Palästinafahrt.* Königstein/Ts. 1986

Spark, Muriel: *Das Mandelbaumtor.* Aus dem Englischen von Hans Wollschläger. © Diogenes Verlag AG, Zürich 1986

Sperber, Manès: *Churban oder Die unfaßbare Gewißheit.* © Europa Verlag GmbH, Hamburg – Wien 1979

Thackeray, William Makepeace: *Notes of a Journey from Cornwall to Grand Cairo.* London 1846. Übersetzung durch den Autor.

Twain, Mark: *Die Arglosen im Ausland.* Aus dem Amerikanischen von Ana Maria Brock. © für die deutsche Übersetzung: Insel Verlag, Frankfurt am Main und Leipzig 1997

Zweig, Arnold: *De Vrient kehrt heim.* In: *Ausgewählte Werke in Einzelausgaben, Bd. 8.* © Aufbau Verlag, Berlin 1962

Zweig, Arnold: *Sigmund Freud – Arnold Zweig, Briefwechsel.* (Auszug von Arnold Zweig). © S. Fischer Verlag GmbH, Frankfurt am Main 1968

→ Weiterführende Literatur (Auswahl)

Agnon, Samuel Josef: Schira. Aus dem Hebräischen von Tuvia Rübner (Jüdischer Verlag, Frankfurt am Main 1998)
Alexander, Michael: Israel (Polyglott, München 1999)
Andrews, Richard / Schellenberger, Paul: Das letzte Grab Christi. Die Geometrie des Heiligen Gral. Aus dem Englischen von Xenia Osthelder und Ulrike Seeberger (Bastei-Lübbe, Bergisch Gladbach 1999)
Andrews, Richard: Tempel der Verheißung. Das Geheimnis des Heiligen Berges von Jerusalem. Aus dem Englischen von Karin Miedler und Heike Schlatterer (Lübbe, Bergisch Gladbach 1999)
Armstrong, Karen: Jerusalem – die heilige Stadt. Aus dem Englischen von Angelika Felenda (Goldmann, München 1998)
Asimov, Isaac: Asimov's Guide to the Bible (Wong Books, New York 1981)
Atkins, Norman: Jerusalem (Apa Guides, München 1996)
Awwad, Sami: Das Heilige Land (Palphot, Jerusalem o.J.)
Backhouse, Robert: Jerusalem – einst und heute (Christliches Verlagshaus, Stuttgart 1998)
Badde, Paul: Jerusalem Jerusalem (Volk und Welt, Berlin 1997)
Baedeker-Reiseführer: Israel (Karl Baedeker, Ostfildern 1994)
Bauer, Kirsten: 50 Jahre Israel (Heyne, München 1998)
Baumann, Arnulf H. (Hg.): Was jeder vom Judentum wissen muß (Gütersloher Verlagshaus Gerd Mohn, Gütersloh 1990)
Bauschinger, Sigrid: Else Lasker-Schüler. Ihr Werk und ihre Zeit (Lothar Striem, Heidelberg 1980)

Blok, Hanna / Steiner, Margreet: Jerusalem. Ausgrabungen in der Heiligen Stadt (Brunnen, Gießen 1996)
Bock, Sebastian: Kleine Geschichte Israels. Von den Anfängen bis in die Zeit des Neuen Testaments (Herder, Freiburg 1989)
Bodenheimer, Alfred: Die auferlegte Heimat. Else Lasker-Schülers Emigration in Palästina (Niemeyer, Tübingen 1995)
Bourbon, Fabio: Lithographien und Reisetagebuch von David Roberts. Das Heilige Land – gestern und heute. Aus dem Italienischen von Annette Matheus (Karl Müller, Erlangen 1997)
Breuers, Dieter: Sterben für Jerusalem. Ritter, Mönche, Muselmanen und der Erste Kreuzzug (Lübbe, Bergisch Gladbach 1997)
Bruce, F. F.: Von Bethlehem bis Jerusalem. Auf den Spuren Jesu im Heiligen Land. Aus dem Englischen von Marieluise Bierbaum, Melanie Ringel, Ralf Tibusek (Brunnen, Gießen 1997)
Brunnbauer, Barbara U.: Die Darstellung der Fremde im englischen Palästina-Reisebericht des 19. Jahrhunderts (Wissenschaftlicher Verlag, Trier 1995)
Carmel, Alex / Eisler, Ejal Jakob: Der Kaiser reist ins Heilige Land. Die Palästinareise Wilhelms II. 1898. Eine illustrierte Dokumentation (Kohlhammer, Stuttgart, Berlin, Köln 1999)
Collins, Larry / Lapierre, Dominique: O Jerusalem (Goldmann, München 1982)
Der Israel-Reiseführer. Alles über Land und Leute (Hänssler, Neuhausen-Stuttgart 1996)
Dour, Alisa: Neuland. Israelische Künstler österreichischer Herkunft (Picus, Wien1997)
Dowley, Tim: Israel. Biblische Stätten im Luftbild (Brunnen, Gießen 1986)
Elon, Amos: Jerusalem. Innenansichten einer Spiegelstadt. Aus dem Hebräischen von Irene Rumler (Rowohlt, Reinbek 1990)

Elon, Amos: Morgen in Jerusalem. Theodor Herzl. Sein Leben und Werk (Fritz Molden, Wien 1975)

Erbstösser, Martin: Die Kreuzzüge. Eine Kulturgeschichte (Bastei-Lübbe, Bergisch Gladbach 1998)

Feinberg, Anat (Hg.): Kultur in Israel. Eine Einführung (Bleicher, Gerlingen 1993)

Feinberg, Anat (Hg.): Wüstenwind auf der Allee. Zeitgenössische israelische Autoren blicken auf Deutschland (Aufbau, Berlin 1998)

Feuchtwanger, Martin: Zukunft ist ein blindes Spiel. Erinnerungen (Aufbau, Berlin 1999)

Förg, Nicola / Goldmann, Rachel: Israel (Bucher, München 1998)

Friedländer, Saul: Wenn die Erinnerung kommt (C.H. Beck, München 1998)

Frings, Ute / Rosen, Rolly: Anders reisen. Israel und Palästina (rororo, Reinbek 1991, 1998)

Fromer, Jakob: Der Babylonische Talmud (Fourier, Wiesbaden 1998)

Ginott, Shai: Israel (Bruckmann, München 1998)

Gold, Hugo (Hg.): Max Brod. Ein Gedenkbuch 1884-1968 (Olamenu, Tel Aviv 1969)

Gonen, Amiram: Israel gestern & heute (Hänssler, Neuhausen-Stuttgart 1997)

Gorys, Erhard: Heiliges Land. Ein 10000 Jahre altes Kulturland zwischen Mittelmeer, Rotem Meer und Jordan (DuMont, Köln 1999)

Goytisolo, Juan: Weder Krieg noch Frieden. Palästina und Israel heute. Aus dem Spanischen von Thomas Brovot (Suhrkamp, Frankfurt am Main 1995)

Graetz, Heinrich: Geschichte der Juden. Von den ältesten Zeiten bis auf die Gegenwart in elf Bänden (Oskar Leiner, Leipzig 1908 ff. Reprint: arani, Berlin 1998)
Grant, Michael: Das Heilige Kand. Geschichte des Alten Israel. (Bastei-Lübbe, Bergisch Gladbach 1988)
Grinberg, Itamar: Israel aus der Luft. Photos: Itamar Grinberg, Text: David Kriss. Aus dem Englischen von Dieter Krumbach (Karl Müller, Erlangen 1998)
Gur, Batya: Am Anfang war das Wort (Goldmann, München 1995)
Gur, Batya: Das Lied der Könige (Goldmann, München 1998)
Gur, Batya: Denn am Sabbat sollst du ruhen (Goldmann, München 1996)
Gur, Batya: Du sollst nicht begehren (Goldmann, München 1997)
Gur, Batya: In Jerusalem leben. Aus dem Hebräischen von Helene Seidler (Schöffling & Co., Frankfurt am Main 2000)
Gur, Batya: Stein für Stein (Berlin Verlag, Berlin 1999)
Hadas-Lebel, Mireille: Massada. Der Untergang des jüdischen Königreichs oder die andere Geschichte von Herodes. Aus dem Französischen von Hans Thill (Wagenbach, Berlin 1995)
Harris, Robert: Das Zeitalter der Bibel. Eine Bilderreise durch die Geschichte des Heiligen Landes. Aus dem Englischen von Peter Knecht (Bechtermünz, Augsburg 1995)
Harshav, Benjamin: Hebräisch. Sprache in Zeiten der Revolution. Aus dem Englischen von Christian Wiese (Jüdischer Verlag, Frankfurt am Main 1995)
Heck, Gerhard: HB Bildatlas Spezial. Israel (HB Verlags- und Vertriebsgesellschaft, Hamburg 1998)
Heiliges Land – DuMont Visuell (DuMont, Köln 1997)
Hessing, Jakob (Hg.): Israel – Geschichte in Texten. Aus dem Jüdischen Almanach des Leo Baeck Instituts in Jerusalem (Suhrkamp, Frankfurt am Main 1998)

Hirsch, Rudolf (unter Mitarbeit von Ursula Behse): Exil in Palästina, In: Kunst und Literatur im antifaschistischen Exil 1933-1945. Bd. 5: Exil in der Tschechoslowakei, in Großbritannien, Skandinavien und Palästina (Reclam, Leipzig 1980)
Holtz, Barry W. (ed.): The Schocken Guide to Jewish Books. Where to Start Reading about Jewish History, Literature, Culture and Religion (Schocken Books, New York 1992)
Holy Land, The – Knopf Guides (Knopf, New York 1995)
Hubermann, Ida: Roberts. Reisen im Heiligen Land. Aus dem Englischen von Bettina Kruckis (Gondrom, Bayreuth o. J.)
Humphreys, Andrew / Tilbury, Neil: Israel-Handbuch mit den palästinensischen Gebieten. Aus dem Englischen von Elisabeth Pietrek und Barbara Schween-Radseck (Gisela E Walther, Bremen 1997)
Jacoby, Hilla und Max Moshe: Bilderreise durch das biblische Land (Hänssler, Neuhausen-Stuttgart 1997)
Jehoschua, A.B.: Angesichts der Wälder (Piper, München 1992)
Jehoschua, A. B.: Der Liebhaber. Aus dem Hebräischen von Jakob Hessing (Piper, München 1999)
Johnson, Paul: A History of the Jews (Harper Perennial, New York 1997)
Kaiser, Wolf: Palästina – Erez Israel. Deutschsprachige Reisebeschreibungen jüdischer Autoren von der Jahrhundertwende bis zum Zweiten Weltkrieg (Olms, Hildesheim, Zürich, New York 1992)
Keller, Sharon R. (Hg.): Judentum. In Literatur und Kunst. Aus dem Englischen von Miriam Magall, Ursula Schmidt-Steinbach, Karl Hufschmidt (Könemann, Köln 1995)
Kishon, Ephraim: Alle Satiren (Langen Müller, München 1999)
Knoch, Habbo (Hg.): Davids Traum (Bleicher, Gerlingen 1998)

Kochav, Sarah: Israel. Das heilige Land. Aus dem Englischen von Ingobert Wilke (Karl Müller, Erlangen o.J.)

Konzelmann, Gerhard: König Davids Erbe. 3000 Jahre Jerusalem (Bastei-Lübbe, Bergisch Gladbach 1998)

Krupp, Michael: Die Geschichte der Juden im Land Israel (Gütersloher Verlagshaus, Gütersloh 1993)

Krupp, Michael: Die Geschichte des Staates Israel. Von der Gründung bis heute (Gütersloher Verlagshaus, Gütersloh 1999)

Krupp, Michael: Zionismus und Staat Israel (Gütersloher Verlagshaus, Gütersloh 1983)

Küng, Hans: Das Judentum (Piper, München 1991)

Landmann, Salcia: Die Juden als Rasse (Ullstein, Berlin 1992)

Lapid, Shulamit: Lokalausgabe (dtb, München 1996)

Laqueur, Walter: A History of Zionism. From the French Revolution to the Establishment of the State of Israel (MJF Books, New York 1972)

Lasker-Schüler, Else: »Was soll ich hier?« Exilbriefe an Salman Schocken (Lambert Schneider, Heidelberg 1986)

Lasker-Schüler, Else: Ich suche allerlanden eine Stadt. Gedichte, Prosa, Briefe (Reclam, Leipzig 1988)

Lehmann, Klaus-Dieter: Leo Perutz 1882-1957. Eine Ausstellung der Deutschen Bibliothek Frankfurt am Main (Zsolnay, Wien 1989)

Leibowitz, Jeshajahu: Gespräche über Gott und die Welt. Jeshajahu Leibowitz mit Michael Shashar. Aus dem Hebräischen von Matthias Schmidt (Insel, Frankfurt am Main 1994)

Lessing, Erich: Die Bibel. Das Alte Testament erzählt in Bildern von Erich Lessing (Orbis, München 1997)

Londres, Albert: Ahasver ist angekommen. Eine Reise zu den Juden im Jahre 1929 (dtv, München 1998)

Lucke, Karin: Israel mit Gazastreifen, Golanhöhen und Westjordanland (Edition Erde, Nürnberg 1994)
Marco Polo: Israel (Mairs, Ostfildern 1999)
Marco Polo: Jerusalem (Mairs, Ostfildern 1999)
Mehling, Marianne: Knaurs Kulturführer in Farbe. Heiliges Land (Droemer Knaur, München, 1986)
Meier, Axel: Die kaiserliche Palästinareise 1898 (Hartung-Gorre, Konstanz 1998)
Melrod, George (Hg.): Israel (Apa Guides, München 1996)
Meltzer, Milton: Mark Twain Himself. The Extraordinary Adventures of America's Legendary Wit and Remarkable Renaissance Man (Wings Books, New York 1993 (1960))
Melville, Herman: Clarel. A Poem and Pilgrimage in the Holy Land (Northwestern University Press and The Newberry Library, Evanston and Chicago 1991)
Melville, Herman: Journals (Northwestern University Press and The Newberry Library, Evanston and Chicago 1989)
Millard, Alan: Schätze aus biblischer Zeit. Aus dem Englischen von Johannes W. Volkert (Brunnen, Gießen/Basel 1991)
Müller, Hans-Harald: Leo Perutz (C.H. Beck, München 1992)
Nächstes Jahr in Jerusalem. Vergangenheit und Zukunft der Heiligen Stadt. Video (Hänssler, Neuhausen-Stuttgart)
Nagels Enzyklopädie-Reiseführer: Israel (Nagel, Genf, Paris, München 1978)
Negev, Avraham (Hg.): Archäologisches Bibel-Lexikon. Aus dem Englischen von Ingrid Elgert u.a. (Hänssler, Neuhausen-Stuttgart 1991)
Obenzingen, Hilton: American Palestine: Melville, Twain, and the Holy Land Mania (Princeton University Press, Princeton 1999)
Oz, Amos: Das Schweigen des Himmels. Über S. J. Agnon (Jüdischer Verlag, Frankfurt am Main 1998)

Pazi, Mardarita: Max Brod. Werk und Persönlichkeit (Bouvier, Bonn 1970)
Peres, Shimon: Zurück nach Israel. Eine Reise mit Theodor Herzl. Aus dem Französischen von Michael von Killisch-Horn (List, München 1998)
Petrarca, Francesco: Reisebuch zum heiligen Grab. Aus dem Lateinischen von Jens Reufsteck (Reclam, Stuttgart 1999)
Pfeiffer, Ida: Reise in das Heilige Land. Konstantinopel, Palästina, Ägypten im Jahre 1842. Hörkassette (Aufbau, Berlin 1999)
Raffin, Patrizia: Jerusalem (Bechtermünz, Augsburg 1997)
Rasmussen, Carl G.: Historisch-geografischer Atlas zur Bibel. Aus dem Amerikanischen von Dagmar Geiss, Marlies Stubenitzky und Meike Ditthardt (Hänssler, Neuhausen-Stuttgart 1997)
Rauch, Michael: Israel und Palästina. Richtig reisen (DuMont, Köln 1996)
Reimann, Patricia (Hg.): Israel. Ein Lesebuch (dtv, München 1998)
Rienecker, Fritz: Lexikon zur Bibel (R. Brockhaus, Wuppertal 1992)
Rogerson, John: Land der Bibel. Kunst, Geschichte und Lebensformen. Aus dem Englischen von Joachim Rehork und Gertraude Wilhelm (Bechtermünz, Augsburg 1997)
Rosenberg, Göran: Das verlorene Land. Israel – Eine persönliche Geschichte. Aus dem Schwedischen von Jörg Scherzer (Jüdischer Verlag, Frankfurt am Main 1998)
Röwekamp, Georg: Jerusalem. Ein Reisebegleiter in die heilige Stadt von Judentum, Christentum und Islam (Herder, Freiburg 1997)
Salamander, Rachel (Hg.): Die jüdische Welt von gestern (dtv, München 1998)

Scheffbuch, Beate und Winrich: Israel mit der Bibel entdecken (Hänssler, Neuhausen-Stuttgart 1994, 1998)
Schlör, Joachim (Hg.): Wenn ich dein vergesse, Jerusalem. Bilder jüdischen Stadtlebens (Reclam, Leipzig 1995)
Schlör, Joachim: Tel Aviv. Vom Traum zur Stadt. Reise durch Kultur und Stadt (Bleicher, Gerlingen 1996)
Schneider, Richard Chaim: Israel am Wendepunkt. Von der Demokratie zum Fundamentalismus? (Kindler, München 1998)
Schneller, Ludwig: Aus meiner Reisetasche. Wanderbuchnotizen aus Palästina (Wallmann, Leipzig 1901)
Schoeps, Julius H. (Hg.): Neues Lexikon des Judentums (Bertelsmann Lexikon Verlag, Gütersloh 1992)
Scholem, Gershom: Von Berlin nach Jerusalem (Suhrkamp, Frankfurt am Main 1997)
Schreiber, Friedrich: Schalom Israel. Nachrichten aus einem friedlosen Land (C.H. Beck, München 1998)
Schrobsdorff, Angelika: Jerusalem war immer eine schwere Adresse (dtv, München 1998)
Schwarz-Gardos, Alice (Hrsg.): Heimat ist anderswo. Deutsche Schriftsteller in Israel (Herder, Freiburg 1983)
Semsek, Hans-Günter / Pfaffenbach, Carmella: NellesGuide: Israel. Westjordanland, Ausflüge nach Jordanien (Nelles, München 1997)
Shabtai, Jaakow: Onkel Peretz fliegt (Suhrkamp, Frankfurt am Main 1997)
Shabtai, Jaakow: Vollendete Vergangenheit (Suhrkamp, Frankfurt am Main 1997)
Shaked, Gershon: Geschichte der modernen hebräischen Literatur. Prosa von 1880 bis 1980 (Jüdischer Verlag, Frankfurt am Main 1996)

Simon, Heinrich / Simon, Marie: Geschichte der jüdischen Philosophie (Reclam, Leipzig 1999)
Solomon, Norman: Judentum. Eine kurze Einführung (Reclam, Stuttgart 1999)
Sperber, Achim: Israel. Mit Auszügen aus den Reisetagebüchern von Emil Bock (Orbis, o.O. 1999)
Sternburg, Wilhelm von: »Um Deutschland geht es uns«. Arnold Zweig. Die Biographie (Aufbau, Berlin 1998)
Tondrok, Will / Tondrok, Sigrid: Israel, palästinensische Gebiete, Ostsinai (Reise Know-How Verlag, München 1999)
Uris, Leon: Exodus (Heyne, München 1998)
Wagner, Martin: Gebrauchsanweisung für Israel (Pieper, München 1997)
Wessling, Bernd W.: Max Brod. Ein Porträt (Kohlhammer, Stuttgart 1969)
Winter, Marie-Anne / Kautz, Harald: Israel mit Westbank und Gazastreifen (Conrad Stein, Kronshagen 1996)
Wurmbrand, Max / Roth, Cecil: Das Volk der Juden. 4000 Jahre Kampf ums Überleben (Fourier, Wiesbaden o.J.)
Zweig, Arnold: Emigrationsbericht oder Warum wir nach Palästina gingen (Aufbau, Berlin 1997)
Zweig, Arnold: Jüdischer Ausdruckswille. Publizistik aus vier Jahrzehnten (Aufbau, Berlin 1991)

→ Informationen über Israel im Internet

Wenig bekannt ist, daß Israel auch auf dem Gebiet der modernen Kommunikationstechnik ein wichtiges Wort mitredet. Vor allem die Gegend um Haifa wird zuweilen das »israelische Silicon Valley« genannt. Hier haben zahlreiche Software-Schmieden ihren Sitz, die international operieren und deren Produkte auf vielen PC laufen, ohne daß dem Nutzer die Herkunft immer bewußt ist.

So überrascht es nicht, daß sich Israel umfassend und professionell im Internet präsentiert. Im WorldWideWeb kann man sich vor Reiseantritt über Land und Leute informieren, die sinnvollsten Reiserouten oder günstigsten Unterkunftsmöglichkeiten abrufen. Es ist keine Frage, daß diese Angaben aktueller sind, als es der beste Reiseführer jemals sein kann. Folgende Adressen, die freilich keinen Anspruch auf Vollständigkeit erheben können, sind dabei besonders empfehlenswert:

www.infotour.co.il Diese »Israeli Tourism & Recreation Website« erfüllt einfach alle Wünsche und läßt im Grunde die anderen Internet-Angebote überflüssig erscheinen. Hier sind alle nur denkbaren Informationen übersichtlich angeordnet, vom aktuellen Wetter, über Telefongebühren von und nach Israel bis hin zu den Kosten für Mietwagen. Zahllose Links verweisen von dieser Seite aus zu Hotels, die man im voraus buchen und dabei unter Umständen viel Geld sparen kann.

www.israel.de Unter dieser Adresse präsentiert sich die Israelische Botschaft in Berlin. Der Schwerpunkt liegt dabei auf politischen

Informationen zum Land. Ein Archiv bietet wichtige Dokumente zur kostenlosen Recherche an; auch einige Angaben zu ausgewählten Reisezielen finden sich auf dieser offiziellen Webpage.

www.israel.info.de Das Staatliche Israelische Verkehrsbüro richtet sich mit seinem Internet-Auftritt an ein deutschsprachiges Publikum. Sie finden hier Hintergrundinformationen über die großen Anstrengungen des Landes zur Jahrtausendfeier sowie manch interessanten Hinweis, der vor allem dem religiös motivierten Israel-Besucher von einigem Nutzen sein dürfte.

→ Personenverzeichnis

Adenauer, Konrad 36
Adler, Alfred 76
Agnon, Samuel Josef 13, 48, 111 f.
Alexander III. 62
Allenby, Edmund Henry 37
Appelfeld, Aharon 125
Arafat, Jassir 85
Bar Kochba 143
Beer-Hofmann, Richard 120
Bellow, Saul 23, 62
Ben Akiba 143
Ben-Chorin, Schalom (Fritz Rosenthal) 30-33, 35, 84, 94, 120, 122, 136
Benn, Gottfried 65
Bialik, Chaim Nachman 60
Botta, Mario 117
Bouillon, Gottfried von 18
Breydenbach, Bernhard von 16
Brod, Max 121 f.
Buentig, Heinrich 28
Chateaubriand, François René de 19, 41
Dickens, Charles 21
Disraeli, Benjamin 24
Dizengoff, Meir 111, 115
Domin, Hilde 32
Doré, Gustave 32
Du Camp, Maxime 33
Einstein, Albert 22
Fabri, Felix 28, 100
Faulkner, William 126
Feuchtwanger, Lion 135
Flaubert, Gustave 12, 33, 37, 89, 160
Freud, Sigmund 134
Friedländer, Saul 119
Friedrichs, Carl 90
Fürnberg, Louis 33, 65
Giordano, Ralph 24, 51, 75
Globke, Hans 133
Goethe, Johann Wolfgang von 35, 76
Gogol, Nikolai 34, 43, 44
Gregorovius, Ferdinand 37, 99, 103, 109 f.
Grossmann, David 125
Gur, Batya 57-61, 78
Haan, Jakob Israel de 135
Habibi, Emil 18
Harkabi, Jehoschafat 24
Harmon, Q. L. 35
Hecker, Zwi 117

Heine, Heinrich 7
Herodes Antipas 143
Herodes der Große 62, 70, 84, 99, 105,
Herzl, Theodor 21 f., 106 f., 109, 111, 146, 147
Hille, Peter 65
Huxley, Aldous 23
Jehoschua, Abraham B. 123, 125-127, 129
Jens, Walter 133
Josephus, Flavius (Josef ben Mattatja) 53, 105, 143
Justinian I. 86
Kafka, Franz 65, 121
Kaiserin Helena 45, 159
Kerr, Alfred 24, 72, 102, 104
Kissinger, Henry 36
Koestler, Arthur 76, 80, 114, 121
Kollek, Teddy 23 f.
König David 83
König Salomon 11
König Shalem 27
Konstantin der Große 41, 86
Korte, Jonas 160
Krakauer, Leopold 64
Lagerlöf, Selma 68
Lamartine, Alphonse de 143
Lapid, Shulamit 59
Lasker-Schüler, Else 63-68, 119, 133
Le Corbusier 117
Lear, Edward 15
Leibowitz, Jeshajahu 135
Londres, Albert 12, 111
Loti, Pierre 23
Maimonides 143
Mandelbaum, Itzak 36
Mann, Thomas 76
Mayer, Hans 132-134, 158
Melville, Herman 19, 20, 34, 42, 70
Mendelsohn, Erich 117
Mohammed 12
Mohammed, Mirsa Ali 128
Montefiore, Moses 94
Naumann, Friedrich 155
Niemeyer, Oscar 129
Nikodemus 45
Oberländer, Theodor 133
Omar I. 62
Oz, Amos 28, 95, 116, 125
Peres, Shimon 105-107
Perutz, Leo 120 f.
Pfeiffer, Ida 35, 44, 46, 83, 100, 130, 159
Plinius der Ältere 110
Plitt, Jakob Theodor 70, 110
Pückler-Muskau, Hermann Fürst von 101 f., 104
Rabin, Itzhak 135

Rath, Gerhard von 144
Remarque, Erich, Maria 120
Renan, Ernest 68 f., 141, 143
Roberts, David 32
Salten, Felix 38, 49, 51, 80, 92, 99, 129, 139, 147 f., 151
Schem-Urs, Ora 59
Schocken, Salman 133
Shabtai, Jaakow 12, 118
Silva, Flavius 106
Simenon, George 60
Sinatra, Frank 158
Sparks, Muriel 47, 73, 149
Sperber, Manès 73
Stalin 136

Sturmann, Manfred 63, 68
Thackeray, William Makepeace 21, 63
Theodosius I. 61
Tiberius 143
Twain, Mark 12, 34, 88 f., 102, 104, 139, 145, 149 f., 156, 158, 162
Tyros, Wilhelm von 18
Urban II. 17
Walser, Martin 133
Werfel, Franz 120
Wilde, Oscar 68
Wilhelm II. 37
Zweig, Arnold 27, 65, 120 f., 134-136
Zweig, Stefan 68, 122

→ Bildnachweis

David Roberts, Das Goldene Tor, Jerusalem (Ausschnitt) (S. 14)
Joachim Sperber (S. 26, 124, 152)
Hilla & Max Jacoby (S. 82) Mit freundlicher Genehmigung des Hänssler Verlags
Hans-Georg Vorndran ©SchalomNet (S. 98)
Duby Tal Moni Haramati, Albatross (S. 108)
Shai Ginott © Alle Rechte vorbehalten (S. 140)

Klett-Cotta
© J. G. Cotta'sche Buchhandlung Nachfolger GmbH, gegr. 1659,
Stuttgart 2000
Alle Rechte vorbehalten.
Fotomechanische Wiedergabe nur mit Genehmigung des Verlags
Printed in Germany
Karten: Rudolf Hungreder, Leinfelden
Gestaltung: Finken & Bumiller, Stuttgart
Abbildungen auf dem Umschlag:
Oben: Blick über Jerusalem, © Zefa, Düsseldorf
Unten: Orthodoxe Juden an der Klagemauer, © Shai Ginott. Alle Rechte vorbehalten
Gesetzt aus der 10 Punkt Scala
Auf säure- und holzfreiem Werkdruckpapier
gedruckt und gebunden von Gutmann & Co., Talheim
ISBN 3-608-94255-6

Maria Marginter/Fyodor Gawrilow:
St. Petersburg
Weiße Nächte, dunkle Tage. Literarische Spaziergänge
173 Seiten, Pappband, 11 Fotos, zwei Karten, Lesebändchen
ISBN 3-608-91776-4

»Als ›phantastischste Stadt der Welt‹ bezeichnete Dostojewski St. Petersburg. In der Tat: Generationen von Schriftstellern und Künstlern haben an diesem Mythos weitergearbeitet – deshalb verfügt St. Petersburg heute über eine ausgeprägte geistige Identität, die jeden Ort mit einer Geschichte verbindet. Dokumentiert ist das facettenreiche Gesicht dieser Stadt in einem literarischen Reiseführer, der den Besucher auf zehn Spaziergängen durch die einzelnen Quartiere führt. Die Autoren erweisen sich als intime Kenner.«
Neue Zürcher Zeitung

Jutta Stössinger:
Badeleben
Literarischer Reisebegleiter von Wismar bis Danzig
Unter Mitarbeit von Heiner Maier
176 Seiten, Pappband, zahlreiche Illustrationen, Lesebändchen
ISBN 3-608-91776-4

Die literarische Bäderreise von Wismar nach Danzig führt über legendäre Orte wie Bad Doberan, Stralsund, Rügen, Hiddensee, Greifswald u. a. Unterwegs läßt sich verweilen bei kleinen Exkursen über Backsteingotik und Strandburgen, über Bernstein und darüber, wo denn das Rerik von Alfred Andersch wirklich liegt.
Die Reisebegleiter sind nicht minder illuster: Franz Kafka, Christa Wolf, Uwe Johnson, Wolfgang Koeppen, die Brüder Mann, Theodor Fontane, Elizabeth von Arnim, Joachim Ringelnatz, Christoph Hein und andere lassen uns die Stationen der Reise auf vielfältige Weise erleben.
»...ein Reiseführer der besten Art, wie er anmutiger nicht sein könnte, und ein Geschichtsbuch der besonderen Art.«
Peer Teuwsen/Tages-Anzeiger

Klett-Cotta

Peter Peter:
Sizilien
Literarische Erkundungen im Land,
wo der Teufel sein Weib nahm
220 Seiten, Pappband, zahlreiche Illustrationen, eine Karte, Lesebändchen.
ISBN 3-608-91772-1
»Hier hat sich jemand wirklich bemüht, diese widersprüchliche und widerspenstige Insel zu erklären und – im zweifachen Wortsinn – erfahrbar zu machen.«
Falter Wien

Doris und Dieter Schiller:
Bodensee
Literarische Erkundungen rund um das Schwäbische Meer
198 Seiten, Pappband, zahlreiche Illustrationen, eine Karte, Lesebändchen.
ISBN 3-608-93393-X
»Ein hübsches Reise-Lese-Buch ist aus den unterschiedlichen Texten entstanden. Mit seinen zurückhaltenden Kommentaren, in denen manch reizvoller Spaziergang empfohlen wird, überläßt es den Leser beinahe ganz den Eindrücken der Literaten, die an den Bodensee gereist sind, dort gelebt haben oder noch leben.«
Die Zeit

Richard Miklin:
Wien
Literarische Spaziergänge durch Vergangenheit und Gegenwart
224 Seiten, Pappband, zahlreiche Illustrationen, eine Karte, Lesebändchen.
ISBN 3-608-91992-9
In acht Spaziergängen erschließt sich die offene und manchmal versteckte Schönheit der einstigen »Reichshaupt- und Residenzstadt«, öffnen sich aber auch Einblicke in Abgründe und Schattenseiten der Stadt.

Klett-Cotta